釋有晉——著

京都有禪

一位留學僧的京都學記

Zen in Kyoto

A Foreign Monk's Journal When Studying in Kyoto

自序

內心有感動，那裡就有禪

「啪！」一聲清脆聲響，劃破了禪堂內的寂靜。庭院內蓮花池上的薄冰，在夜晚與清晨的微小溫差中，裂了開來。我睜開眼，在昏暗的大殿內，隱約可見眼前坐著的幾個身影，像一尊尊莊嚴的雕像。不久，住持法師手持香板開始巡香，在朦朧的燈光中，他的身影被拖得長長的。此時，沉重的冷風，慢慢滲透全身，讓人不禁打起哆嗦。我輕輕抓起蒲團前的毯子裹住上半身，卻從眼角的視線看見那長長的身影對我搖了搖頭，彷彿聽到住持法師平時的鞭策：「修行人要能忍耐寒冷。」

在日本留學期間，我每週都會到遠離京都市中心的福成寺，參與半日的禪修會。在二月的某個清晨，氣溫降到攝氏零下十度，而住持法師仍堅持大開門戶，讓大家體驗最樸實的京都。很多人因嚮往古都禪風而參訪京都，但如果真正經歷過禪堂的洗禮，可能另有一番不同感受吧！

許多到京都遊玩的朋友，都會請我推薦「名所」。對於第一次到訪京都的人，我會建議參考網紅推薦的景點，先到清水寺、金閣寺等感受京都古剎之美，然後去離宮二條城體驗茶道，或到日本最古老的劇場「南座」觀賞能劇，再到祇園、二年坂、三條商店街等購買伴手禮。若時間允許，大家也可以到鴨川賞鷹，或爬上大文字山鳥瞰京都的美景。

對再次到訪京都的朋友，我則會帶他們前往京都大學的佛學研究室、北白川的宿舍、狸谷山的晨運徑道、哲學之道上的侘寂咖啡館，乃至無遊客到訪的福成寺等這些我最熟悉的生活場景。原因無他，這些地方皆留下我多年走過的足跡，更有我對京都之美的不同體驗。那是一種難以言傳，只能以赤子之心方能領略的體會，就像禪心一樣。

「禪」是什麼？從我開始學佛以來，這個問題一直在我腦海裡徘徊。第一次禪修，我還在加拿大大學念本科。當時，來佛堂的人，大都對禪修抱持某種刻板印象，譬如坐姿必須如何、打坐時間必須多長、心境必須何等安詳等。因此，有很長的一段時間，我總覺得，禪修是離不開禪堂的修行模式。多年以後，當我到法鼓文理學院念研究所時，第一次進入禪堂打禪七及禪十四，感受非常深刻。法鼓宗的禪風，讓我體會到禪的活潑性與生活化，並時時提醒自己，禪修的心態必須延續到離開蒲團以後，在日常生活裡，也保持專注與覺察，讓心如藍天一樣，任由雲朵飄浮而過，不留下一絲痕跡。

到了京都大學，研究生活變得異常忙碌。漸漸地，我發現，即使不到禪堂，在這經過千年文化的醞釀，以及日本美學「侘寂」的陶冶而形成的古都，處處可發現觸發內心對禪的體會。因此，在京都安住下來以後，我開始愛上攝影。我覺得，攝影能讓我捕捉當下內心的感動，讓我記錄眼前所看到的一切。我希望把自己注意到的細節，透過一定的角度和視野，將內心的感動描繪上去，讓大家也能感同身受，然後做出自己的解讀和體悟。對我而言，這就是日常生活裡的禪修。

在京都，我習慣用照片及文字做真實的生活記錄。此外，我會在每天晨跑，從北白川的宿舍前往狸谷山途中，跟四季不同風光的稻田打招呼，跟路上準時碰面的鄰居們微笑搖手；閒餘之際，我會到哲學之道上的咖啡館，聞著咖啡香，聽著流水聲，看著窗外來來往往的人們，感受綠影中的寧靜；每週日到禪宗寺院，接受臨濟宗棒喝式的磨鍊；我甚至參與過坊間的落語學會，跟著一群歐巴桑及歐吉桑去巡迴演出；我也到晶子老師的日本茶室，接受日本茶道的熏習。這些對日本文化的觀察及體驗，都被我用照片及文字記錄下來，成為你手上的這本散文集。我相信，攝影是由外而內，而寫作是由內而外的過程，兩者相輔相成。

很多朋友以為我一個人到日本留學，能從開始時不懂一句日語，到完成學業，一定有過人之處。其實不然，在留學期間，我經歷過許多失眠的夜晚，只為了在期限前完成日文論文；我也曾因為在撰寫碩士論文的最後階段遇到瓶頸，致電給臺灣的教授求救；加上自己不善交際的個性，在學業上曾感到徬徨與無助。這些挑戰，我都在跌跌撞撞中，一邊學習與適應，一邊成長。慶幸的是，每當我感覺身心疲累時，只要走出校門，在幽靜整齊的路上行走，不論是前往哲學之道散步，或走向鴨川尋找老鷹與野鴨的蹤影，甚至只是走回宿舍休息，或前往超市買菜，在大街小巷裡所接觸到的人與事，都會讓我得到心靈上的療癒。我深深體會，在京都的人文風景裡，處處都有禪意。

當初開始書寫京都生活的感想時，我只在臉書上分享簡短、隨性的貼文。沒想到，自己的塗鴉受到法鼓文理學院學長的青睞，將它推薦給《人生》雜誌的主編，就這樣，我開始了每個月投稿的儀式。其實，剛接到邀稿時，感受是很複雜的。原因無他，《人生》雜誌乃臺灣佛教界深具代表性的佛教刊物。很難想像，我的散文會出現在這本刊物。當時，主編對我說：「法師，就照您在臉書的方式來寫稿就好，對讀者會有啟發。」雖然心裡七上八下，最後還是接下了這項任務。

這本書讓我透過一支筆和一支鏡頭，記錄京都生活的各種法喜。其實，我既沒有禪定工夫，更沒有高超的洞察力。我只有一雙愛觀察的眼睛，和想傳遞感動的心意。我希望跟大家分享那些觸動心靈的經歷，並引起大家的共鳴。就像冬天裡在福成寺打坐，雖然沒有得到開悟的啟發，卻讓我體驗了京都最樸實的美，以及最刻骨銘心的感動。

不論身在哪裡，只要內心有感動，那裡就有禪。

目次

自序 內心有感動，那裡就有禪 002

CHAPTER 1
京都大學課外課

01 京都留學因緣 010
人生快門 來日本的原因

02 無所不學的人 020
人生快門 「放泥」的京都大學

03 灰布粗衫 030
人生快門 很會考試

04 非常「名所」 040
人生快門 聖地

05 哲學之道上的侘寂咖啡館 050
人生快門 隨遇而安

06 情牽北白川 060
人生快門 走路

07 京都生活的挑戰 072
人生快門 儀式

CHAPTER 2
發現文化裏風景

01 鴨川有情 084
人生快門 騎車也是一種心的訓練

02 禪意詩仙堂 094
人生快門 真想年年二十五歲

03 弘法之藝術：落語 104
人生快門 做回自己最快樂

04 真・行・草 人生快門 交心 …… 122
05 新年祝福在日本 人生快門 新年快樂 …… 132
06 日文佛教用語演變 人生快門 My pace …… 142
07 日本家庭的佛壇文化 人生快門 心安 …… 152
08 界與戒 人生快門 有故事的人 …… 162

CHAPTER 3 生活禪法醍醐味

01 身體的記憶 人生快門 遊戲 …… 176
02 茶道，待人之道 人生快門 Okaeri …… 184
03 茶碗・禪意 人生快門 美不美 …… 194
04 從禪修學攝影 人生快門 只是一顆石頭 …… 204
05 公車上的覺醒 人生快門 共度時光的品質 …… 216
06 非最好的安排 人生快門 奇異的旅程 …… 226
07 我的信仰與研究 人生快門 誰能置身事外 …… 236
08 我的弘法路 人生快門 終身學習 …… 246

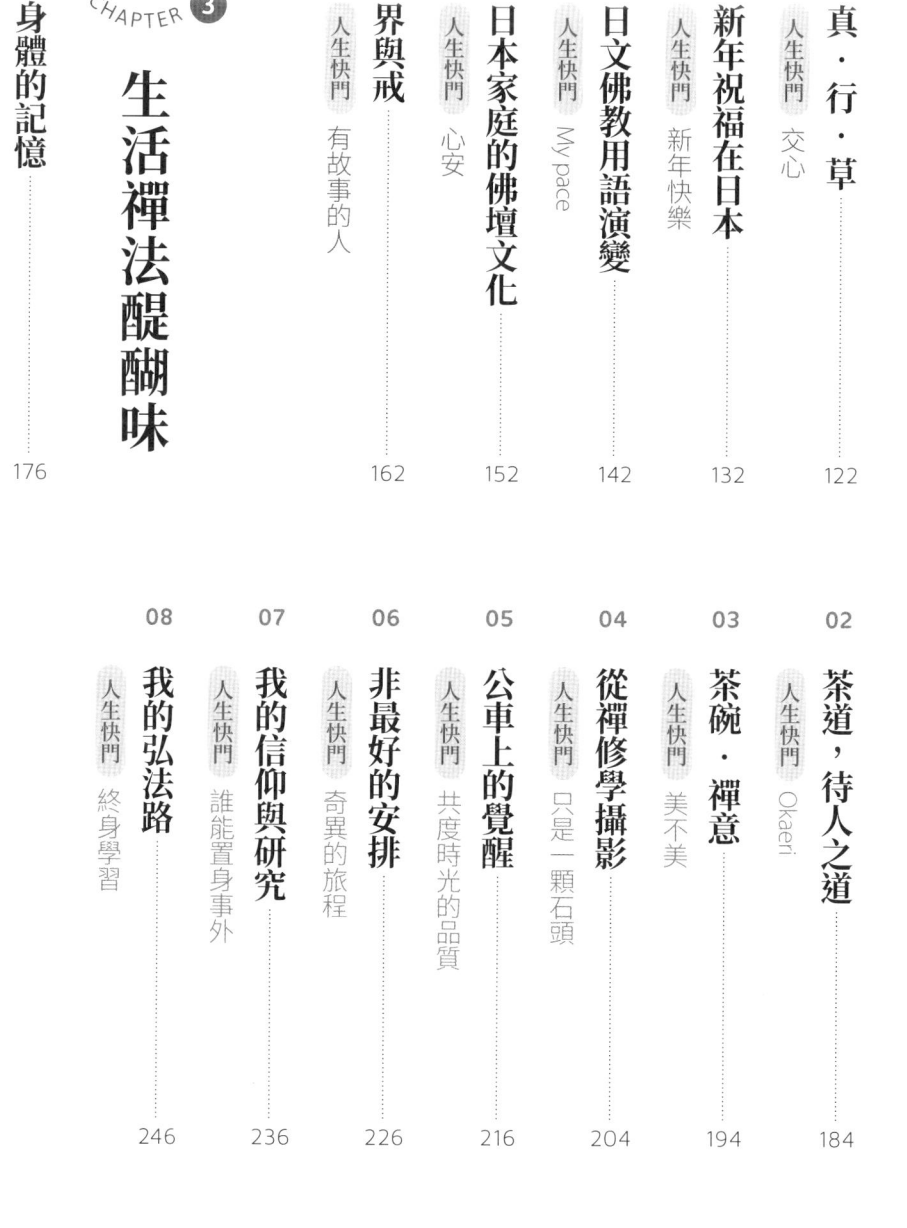

京都留學因緣

無所不學的人

灰布粗衫

非常「名所」

哲學之道上的侘寂咖啡館

情牽北白川

京都生活的挑戰

CHAPTER 1

京都大學課外課

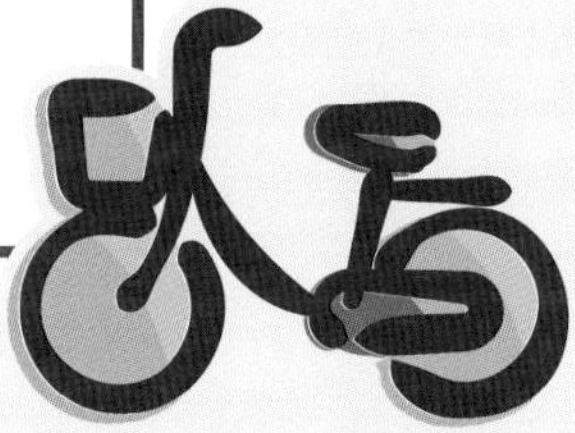

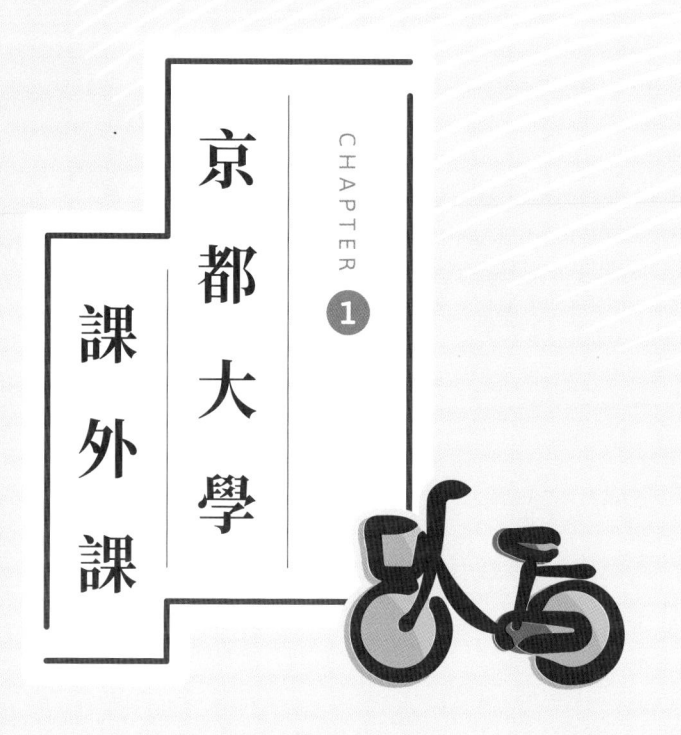

CHAPTER 1

01

京都留學因緣

當我回到母校法鼓文理學院，向大家報告在日本留學兩年的學思歷程時，有好幾位年輕的學弟問我：「為什麼到日本留學？」並且不約而同地說：「學長的日文一定很棒！」

在日本，我認識好幾位二十幾歲的留學生，選擇來日本留學，是出於對日本潮流文化有特殊的情感，也就是俗稱「哈日族」，可我不是。來日之前，其實我對日本所知非常有限。當初做這個決定，只是從法鼓文理學院的論文指導教授聽聞日本船山徹教授的治學精神而受到啟發。後來親自閱讀了船山教授的論文，非常相應於他研究漢譯經典所展現的客觀態度與宏觀視野，便決定前來跟他學習了。

至於我當時的日文程度，雖然

京都大學的鐘樓與櫻花，是作者留學日本深刻的風景之一。（釋有晉攝）

解讀文章沒問題，可是，會看不等同於會說。為了留學，我只好到語言中心匆匆上了十幾堂日語會話課，來惡補一番。因此，到日本留學，可以說是為了實現「跟船山教授好好學習」這單純的願望。留學過程中的各種歷練，不但讓我心智成長，也更鞏固了我從事佛學研究的決心。

入學考準備

在日本，不論是公立或私立大學的研究所都必須經過入學考試，而京都大學佛教學系的入學考，除了日文（日籍生則考英文）、基礎佛學、多種佛典語言，如古典漢文、梵文及藏文以外，還要選一門德文或法文來考。

我盤算了一下，知道自己只有半年的時間準備，這意味著平均每個月我得備好一科。想到自己的藏文基礎並不好，梵文也只能勉強過關，再加上從沒學過德文或法文，心裡實在不安。

曾聽一些日本留學生說，入學考試只是一種形式。許多研究生來日以前，已經得到未來指導教授的入學認可，因此不用擔心，可是，事實並非如此。京都大學的入學考，採用匿名方式，而且每一科皆由不同教授出題及審核，考不考得過完全靠實力。那時船山教授很坦白向我說：「入學考我幫不上忙，全靠你自己！我等你。」可想而知，老師對我能否考上，其實也沒什麼把握。

於是，我開始每天泡在圖書館，很認真地研究歷屆入學考題，並很意外地發現，每一年考題的提問方式幾乎一樣，只是內容不同而已。因為日本文化堅守傳統的特色，讓我覺得很慶幸，可以很有策略性地擬定學習計畫，亦能充分掌握複習的範圍。就這樣，半年後我帶著視死如歸的精神踏進考場，並順利通過了筆試與口試兩個關卡。

眾志成城的碩士論文

錄取碩士班資格以後，學術研究生活正式開始。

京都大學佛教學系的研究動向，以譯註梵、巴、藏、漢各種佛教原典文獻為主。這種基於文獻及史料的研究，傳承了歐洲文獻學的方法，著重於精細綿密的

作者努力研究梵文和藏文的佛典，並翻譯成日文。（釋有晉攝）

文字分析、各語言文獻的比對，以及對義理的反覆思辨。

聖嚴法師曾在《留日見聞》裡提到：「今日中國佛學的研究，尚是為信仰、為實行而做的工作；今天的日本佛學，已在漸漸脫離宗教信仰的本位而將自成一個學術文化的立場了。」相隔半個世紀，誠如法師所言，日本佛學研究確實已經建立了純粹的學術研究立場。但另一方面，以漢語為主的漢傳佛學學者，也採納了以文獻學為基礎的考察研究。因此，對漢傳佛教的法師來說，若能接受日本乃至歐美學術文化的熏陶，的確可以彌補以往漢傳佛教「僅重信仰而不能切乎事實的現象」。

秉持這樣的學習理念，我選擇了一部由九世紀初印度論師善慧戒所著的《成業論疏》，做為碩士論文的研究文獻，開始了其藏譯本的翻譯。但是，翻譯了幾個月發現：若要以自己的能力來完成論文，實在太過困難。於是，向來不喜歡麻煩別人的我，只好厚著臉皮向學長尋求協助。沒想到他一口答應，在接下來的八個月內，每週一次帶領我閱讀《成業論疏》，並幫我修正翻譯。此外，由於我的日文書寫能力還不足，便找了一位日語老師幫我修改論文。就這樣，在兩位貴人的協助之下，終於把論文完成。寫作的過程，讓我深深體會到眾志成城的道理！

不一樣的博士課程學習

進入博士課程的第一年，依照慣例，我們會把碩士論文的成果濃縮成短篇論文，投稿到每年九月「日本印度學佛教學會」舉辦的論文發表大會。這是一個全國性的學術交流，除了日本相關領域之教授及研究生外，許多外國學者也會前來參與。每一屆大會的出席人數接近五百人，而發表的論文大約二百五十篇，發表後將會分為三期陸續刊行。

對我而言，第一次參加日本學界的論文發表會，就得面對這麼大的場面，實在是一場考驗。為此，我把碩士論文最精華的部分，濃縮成只有幾頁的講義，並擬了一份非常詳盡的講稿，請日語老師指導我，演講時哪裡該停頓，哪處該加強語氣，哪裡改略過，感覺如臨戰場。

發表當日，卻發現絕大多數的發表者站在台上，從頭到尾照著講義念，而台下的教授及學生們則很用心地閱讀著講義。後來才明白，這是日本學者們一種慎重的表現。由於學術性文章有許多專門術語，內容也往往艱澀難懂，因此講者必須對遣詞用字非常謹慎，而「照本宣科」不失為最安全妥當的方式了！

此外，成為博士生以後，最大的轉變就是學習方式。這時，由於自己對各種佛學議題有了更強的問題意識，指導教授的角色也

從「答案提供者」變成「問題提出者」。因此，單獨跟教授討論的時間加長了，內容亦變得更活絡且更深入。再加上船山教授對指導學生充滿著熱忱，經常為了解決一個小問題，討論會從下午到晚上，以「廢寢忘食」來形容教授的治學精神，實在不為過。因此，每一次離開教授的研究室時，內心都充滿著法喜，且懷著深深的感恩。

無量法門誓願學

法鼓文理學院的分享會結束後，有法師學弟向我表示，我的留學經歷給了他啟發，讓他對「法師只應該好好修行」的觀念釋懷，內心重新燃起進入研究所學習現代佛學研究方法的願心。

其實，我也曾帶著同樣的疑問，請教德國籍的無著比丘。曾為漢堡大學教授的無著比丘跟我說：「現代社會所需要的，是有能力將學術研究與實修結合的弘法者，而身為法師，這不正是我們該做的事嗎？」這番話讓我想起〈四弘誓願〉裡的「法門無量誓願學」。其實，跟其他修行法門一樣，學術研究是我們於修行中探求真理的方法之一，更是接引社會廣大群眾有效的工具，為何不學起來？

我到日本留學的動機，僅是為了實現「學好研究方法」的單純願望，以便將來可以把所學運用

京都大學校園中的銀杏樹與作者的腳踏車。（釋有晉攝）

到佛學教育上。我既沒有很好的語言基礎，也沒有過人的實力，有的僅僅是一顆求知的心，以及堅持的意志。由始至終都抱持這信念：「只要是對的事情，堅持做下去就是了。」

人生快門 01

來日本的原因

論文討論從下午持續到晚上，已經進行三個多小時了。船山老師雙眼卻愈來愈有神，雖然語速很明顯慢了下來，聲音也開始變得沙啞，臉是累得通紅，但他還是重點一句一句地說，恨不得要把他所有的經驗，一股腦兒灌輸給我。

在法鼓文理學院念碩士班時，第一次聽指導教授見弘法師讚美船山徹老師，不但佛學研究功力深厚，從部派佛教、中觀、唯識、因明學到漢譯經典的研究，而且從梵文、藏文、英文、法文、德文到中文文言文，更無一不是專長……。眾多好評最打動我的是最後一句話：「他常常會為了一個學生，講到忘記時間，從下午講到晚上。」就為了這一句話，我決定來日本留學了。

三年前的一場車禍，船山老師極其幸運保住了性命，而能回校指導學生，但我還是擔心老師會體力透支，非到需要時不敢打擾，還得時時觀「顏」察「色」，怕老師累倒。

可是每一次，不但老師愈講愈有精神，我更是愈聽愈有滋味。帶著小小的問題而來，老師總是很快地把問題意識的層次提昇，帶著我們在佛學浩瀚的宇宙裡翱翔，讓人忘記時間、忘記晚餐，甚至忘記師生關係，討論修行生活、人生意義等議題，各抒己見，無有高低，暢快之極。

遇到困難時，老師會說：「你專心寫論文就是，其他的事我會幫你解決。」簡單一句話，震撼到心靈最深處。這就是，我來日本的原因。

CHAPTER 1

02

無所不學的人

「讓我們勇於向人展現真實但脆弱的自己，並全心全意付出，即使沒有人可以保障我們的努力會換來相對應的回報。」

這句話是世界知名專業「研究說書人」布芮尼．布朗（Brene Brown），於二〇一〇年TED上演講的提醒。脆弱，一個我們向來避而不談的議題，到底意味著什麼？根據布朗的定義，脆弱就是當我們面對生活裡的不確定時，心裡產生的恐懼和不安全感。我相信，不論是誰都有經歷過脆弱的時候。可是，有不少佛友卻對我說：「法師，您到日本留學，用一個陌生的語言撰寫論文，實在厲害！您怎會有脆弱的時候呢？」諸如此類之誤解，實在讓人不禁莞爾。

求助法門

在日本大學裡，碩士課程第二年是研究生最感壓力的一年。碩一時期，他們必須學習梵、巴、藏等各種佛學語言，以及開始探討自己感興趣的研究領域；到了碩二時期，他們就得展開論文的撰寫了。在論文指導教授的建議之下，我選擇了一篇與唯識學相關之藏文文獻，並將其翻譯成日文。

研究室已成為作者半個家，圖為從研究室俯瞰校園。（釋有暋攝）

當時的我，剛開始學習藏文，再加上日文程度沒很好，可想而知，翻譯的進度很慢也很辛苦。向來不服輸的我，以為只要埋頭苦幹，且比別人更用功，所有的問題定能迎刃而解。這種根深柢固的觀念，在我過往的求學歷程裡很有幫助，也讓我嘗到過獨自努力換來的成果。因此，我以為可以憑自己的毅力，獨自完成藏文文獻翻譯的任務。

但是，在京都大學留學的情況，完全不同以往。在這裡，對於藏文文獻翻譯的進度，不僅慢且很快地遇到瓶頸，因為翻譯所要求的不只是須懂得相關語言，還得駕馭其文法的深層結構。這期間，我度過一個又一個痛苦難熬的日子，而翻譯的品質更是不甚理想。

同學向我建議：「何不向研究室的『先輩』（學長）請教呢？」向來害怕被拒絕的我，對這建議實在猶豫了很久。有一次，當只有我和學長兩人在研究室裡時，我鼓起勇氣向學長求助，沒想到他竟然爽快地答應，還跟我約定每週一次幫我修改翻譯。就這樣，在接下來的八個月，學長不但教我藏文文法，還幫我逐字修改日文翻譯，更教會我許多老師在課堂上不曾講過，卻非常實用的翻譯技巧。

這實在是出乎意料的結果。後來，學長跟我說：「其實，我早就注意到你在論文上遇到困難，

佛教學系研究室一隅，也是作者的研究場所。（釋有晵攝）

只是你沒說，我也不好打擾你。再者，你正在閱讀的文獻也是我的研究興趣，我很樂意跟你一起閱讀及翻譯。」

萬萬沒想到，「向別人求助」這種看似再簡單不過的事情，對我而言，竟然是難以突破的一種心理障礙。經過那次經驗以後，我終於明白，慣性的「我執」只會阻礙自己的學習進程，誠如布朗所說：「真誠面對自己很害怕的部分，反而會提昇我們在人際、情感、求學、職場和教養的能量。」

深入虎穴

此外，為了加強自己在日語會

話及書寫上的能力，我請了一位日本家教，以一對一的方式上課。在日本，很多留學生為了學習日語，會找懂得英、日雙語的日文老師。上課時，老師會把學生聽不懂的日語用英語重講一遍，若非如此，課程很難進行。可是，我發現一旦講英語，日文老師就會處於「弱勢」，而每當學生遇到聽不懂的內容時，就會等待老師的英語講解。我覺得，這種學習效果不甚理想。

通過朋友介紹，我找到了一位只講日語的日文老師做為家教。果然，從第一天上課開始，老師絕對不用英語講解。每當遇到我聽不懂的句子，她就會不斷重複同一句話，迫使我去「猜」其涵義。到了實在沒辦法的時候，我就會喊停，然後趕緊查字典。這種地獄式的訓練，訓練了我的聽力，也讓我記住了許多複雜的句子。我終於體悟到：若不把自己逼入「絕境」，實在很難在短期內，把一個新語言學上手。因此，我得到一個結論：學習不能對自己太溫柔！

「年紀大了，無法學習新語言了。」這是我最常聽到的一句話。老實說，這應該是我們的共同想法吧！不僅學語言是如此，有時我們甚至會認為，年紀大了學習能力就會變差，任何的學習都變得特別困難。其實，在日常生活裡，我們每一天都得面對新事物，克服新挑戰，學習自己過往之所不知。學習，是我們需要終身都奉行的事。

回到當下

曾在一場日本茶道的茶會裡，我看見穿著和服的茶道老師，端莊素雅地在傳統日本茶室裡點茶，與室外庭院裡的紅楓及銀杏相映成一幅極美的畫。當時心想，若要真正體驗日本文化，最快捷的方式，無非從京都傳統文化著手。就這樣，我開始了茶道學習之旅。

日本茶道的流程非常繁複。即便是最簡單的「薄茶」茶席，整個流程至少也會牽涉一百個步驟，且每一步驟皆有標準動作要求，舉凡舉手投足都必須處處到位，想要「手到心到」，非得全心全意不可。每當我忘記點茶步驟時，內心會很受挫折。那時，「年紀大了，記性變不好」這種念頭就會浮現。

有一次，我在拿起「茶棗」（裝抹茶的茶罐）時竟然打翻了，只見鮮綠的抹茶粉撒在榻榻米上，像一幅潑墨畫般地驚心動魄。我當下慌了手腳，不知該怎麼辦。茶道老師看了，卻輕描淡寫地說：「沒關係，這種事常發生，繼續點茶就是了。」那句話讓我不禁想起，在禪修時，禪師總是教導我們，即使受到外境干擾，注意力變得渙散，也要記得不斷回到當下的專注。這過程，不就和茶道會上的事前準備以及點茶的流程很相像嗎？

日常生活亦如是。不論我們遇到如何糟糕的事情，與其擔心不知如何收拾殘局，或羞愧於旁人的眼光，不如把專注力拉回眼前，把握當下，把該做的事一件一件做好。

在茶道的學習中，我從點茶的動作裡體會到了何謂「禪茶一味」。其實，這不是什麼艱深難懂的大道理，而只是一次又一次的提醒，讓我們時時專注於當下，不憂心於過去或未來，而好好掌控每一瞬間的心念，面對各種外境。

因此，在接下來的學習裡，不論遇到什麼天大的挫折，甚至在面對論文期限的壓力時，我都會想起那打翻的「茶棗」，以及接下來該如何安住於當下的方法。

逆水行舟

幾年前，我在臉書（Facebook）上分享一篇文章，描述了第一次到日本快餐店用餐時，由於語言的障礙，無法順利點餐而信心受到了打擊。當時，還在念高中的外甥女看了文章，給我傳一個訊息說：「舅舅，讀了您的故事，心裡受到鼓勵。這不是因為您很厲害，相反地，正因為您能承認自己的不厲害，還會藉由不斷努力來克服種種困難。因此，我覺得您是很厲害的！」

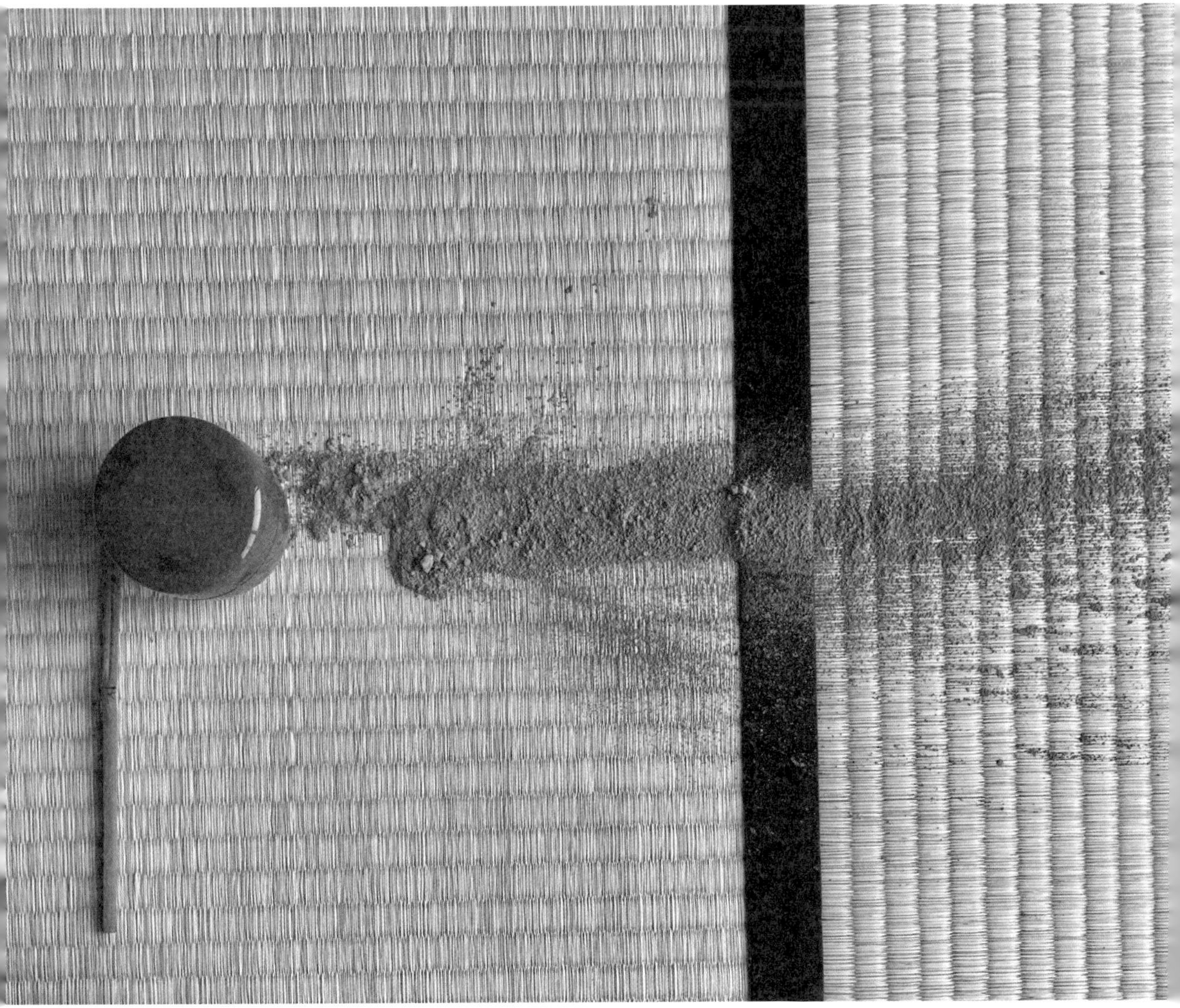

打翻的茶棗，像是一幅抹茶潑墨畫。（釋有晉攝）

這幾年在日本的留學生涯，讓我不斷去挑戰自己各種能力上的極限，也在每次遇到挫折時，學習放下無謂的我執轉而向別人求助，然後把自己放到一種「置之死地而後生」的學習環境中。

茶道的學習亦讓我了解到，當遇到人生最難熬的時刻，與其擔心與焦慮，不如專注於當下自己能處理的事情，誠如聖嚴法師所言：「面對它、接受它、處理它、放下它。」人生猶如逆水行舟，我始終深信，生活裡不論遇到任何困難，只要把握方向努力往前划，一定會有出路。

我永遠記得啟蒙老師的一句話：「無所不學的人，一定會比無所不知的人做得更好。」我想以此讓我受用無窮的一句話，與大家分享，並共勉之。

人生快門 02

「放泥」的京都大學

京都大學的學風，根據校長山極壽一的特質，應該以「放泥」funny來形容。他本人就是一個很「放泥」的人。畢業於京都大學，他是日本少數研究大猩猩的專家之一，還沒當上校長以前，曾在非洲的叢林裡追蹤大猩猩，這一追就是四十年。他說，被選上成為日本第二名校校長，很可能就是因為他是外行的。因為性格夠「放泥」，思想自由開放愛刺激，才會被選上的吧！

更有趣的是，他認為大學環境和非洲叢林，基本上沒兩樣。因此，他寫了好幾本書，以他過去四十年在叢林研究大猩猩的心得，教導京大的學生如何學習、如何成長！

不只是他，京大歷任的校長也不乏有趣的人物。譬如第二十四代尾池校長，在京大販賣部賣他自己研製的特辣咖哩調理包。校長在大學內賣自己研發的新口味咖哩？單單這一點，就夠「放泥」了！

有這樣的校長，如此「放泥」的校風，可以期待京大接下來五年的研究生涯，一定很funny！

CHAPTER 1

03

灰布粗衫

真出家人

「問他，他才是真的出家人。」京都大學佛教學系研究所裡的同學，每當面對那些到來想了解佛教僧侶生活的非佛教徒學者時，常常會用這種半調侃的語氣，把他們的各種提問一股腦兒丟給我。

這位研究所的同學本身也是僧

侶，且即將成為日本天台宗某派系寺院的住持。眾所周知，在日本幾乎所有佛教宗派都奉行世襲制度，而身為長子的他，理所當然會承接父親的衣缽，成為下一代住持。再者，日本佛教僧侶在明治維新以後一律世俗化，而「肉食妻帶」是被允許且已成為他們生活的一部分了。事實上，大多數新生代的僧侶，其主要功能已變成了各種消災祈福佛事、婚喪喜慶儀式的主持者。因此，當同學聽說我們這些來自其他漢傳佛教傳統的出家人不結婚、不喝酒、不吃肉，且更不承擔傳宗接代之責任時，馬上就會聯想到古時印度的苦行僧，自然而然認為我們才是「真的出家人」。

當然，另一個很大的不同之處，是我們的穿著。日本佛教僧侶通常只有在寺院裡進行佛事的時候，才需要披上僧服及袈裟；平時的穿著就跟一般人沒兩樣，有的甚至還蓄著長髮。由於這緣故，我在研究所待了兩年以後，才發現原來身邊的日本同學十之八九是佛教僧侶，俗稱「寺院的孩子」。對我而言，平時中褂（半正式的僧服）不離身，只有在一些比較嚴肅的場合才換上長衫（正式的僧服），這樣的穿著已經是最低限度的要求了。比起在臺灣的一些道場，對法師而言，基本禮儀是只要離開寮房就得穿長衫，而我自身的穿著已經是相對「隨緣」了。

行注目禮

雖然如此，這身中褂的穿著，在大學的校園裡還是能引來不少的注目禮。日本年輕人比較含蓄有禮，只趁我不注意時轉過頭來不斷打量這身「奇裝異服」；反之，到訪的遊客們可落落大方了，每當我騎腳踏車經過校園門口時，總會有人當著我的面舉起攝影鏡頭跟著我轉。這時，我就會把自己想像成《射鵰英雄傳》裡的大俠郭靖，騎著汗血寶馬奔馳於蒙古一望無垠的大草原上，一身灰布粗衫風裡來雨裡去。

當然，對這種「注目禮」逐漸產生麻木的感覺是需要長期「訓練」的。曾經有一位來京都參訪的法師，才住了幾天，就按耐不住緊繃的情緒而對我抱怨：「真想對他們大喊：『到底看夠了沒！』」這讓我想起幾年前到美國加州柏克萊當交換生時，曾遇到路上的行人走到我們面前，很熱情地打招呼，並用讚歎的語氣問：「你們這身衣服真好看！哪裡買得到？」我笑著回答：「上亞馬遜網站碰碰運氣吧！」另外，有一年到印度學梵文時，則被路上騎摩托車的年輕人對著我狂呼「Jet Li!」（李連杰）。雖然同樣是被注目，感覺可是迥然不同，連走起路來都有點飄飄然呢！

穿著僧服在大學校園裡的作者，常常引來不少的注目禮。（釋有暋提供）

另一方面，這身一成不變的僧服，也給我帶來意想不到的生活上的方便。話說，日本的社交生活實在多姿多彩，如學期初有「迎新會」，學期末有「歡送會」，新生到來有「歡迎會」，同學畢業或離開有「送別會」，論文發表會後有「慶功會」，年底也有「年終聚會」。各種名目的聚會，不外是為了促進彼此之關係，並擴大社交網絡。聚會中，被戲稱為「般若湯」的啤酒是必不可少的，它是能夠讓師生彼此拉近關係或冰釋前嫌的最佳催化劑。此外，聚餐後會有續攤，愛酒之人會前往酒吧或卡拉OK繼續「把酒言歡」。有趣的是，據說酒後若「不小心」吐了「真言」，教授也不會把那些話語放在心上，第二天見面時，彼此仍然禮敬相待。也許，這是維持平衡關係的一種方式吧！

對於這些聚餐或社交活動，先前我就向大家表明了立場：「我既不喝酒也不吃肉，況且這身分也不適合這種場合，根本沒意義。」因此，負責籌備的同學雖然每次在邀請函裡註明「必須出席」，我還是有很堂皇的理由足以推辭。但是同學很體貼，曾特地找到能提供素食的餐廳，還準備了一席是不沾酒的。盛情難卻，我也就開始出席學期末的歡送會，會中高舉一杯柳橙汁跟著

「日本三菱商事留學生獎學金」受獎生交流會，作者一襲僧服引人注目。（釋有晉提供）

大夥手中的「般若湯」，一起大喊三聲「乾杯」了。

正式制服

此外，長衫也是我唯一的正式「制服」。當同學們考慮著怎麼樣的穿著適合怎麼樣的場合時，我無論任何場面都是一襲灰色長衫，哪怕是參加最嚴肅的學術論文發表會，或出席最講究禮儀的日本茶道會，甚至是代表某團體到市議會的大禮堂向大眾表演「落語」（四百年前由日本僧侶發明的一種演講藝術，當時用於普羅大眾的佛法開示，後來演變成頗具娛樂性的單口相聲表演），風雨不改。

再者，這一身從老遠就能辨認的灰色風格，也讓朋友們很容易把我認出來。問題是，我認人的反應有點遲緩，常常有人迎面走來跟我打招呼時，還沒回過神來喊出對方的名字，人已走遠了。後來才發現，大家其實是「認衣不認人」。

怎麼說呢？在我來京都大學的前一年，有一位來自臺灣的漢傳法師在此當過研究生，而他的穿著也是一身的灰色長衫。因此，剛來的第一年，常常碰到從未謀面的人很熟絡似地跟我打招呼攀談，而認不出對方的我，還以為自己得了嚴重的失憶症，必須趕快就醫了！

畢生守護

這身漢傳僧服，在不同文化的國度裡，給我帶來了各種難忘的經歷。在家鄉馬來西亞及臺灣，大家是司空見慣的，也很懂得尊重；到了美國，帶有嬉皮士個性的加州人對它充滿了欣慕之情，也想取得一套；到了印度，被誤認是李連杰的同門，身懷絕技；到了日本，則被同學認為是真正的出家人，但同時，也給我帶來生活上的權宜。

最重要的是，它給了我一種保護的作用。穿著這身灰布粗衫，我常常可以豁免於出席一些純粹社交性的聚會。此外，在與別人的交往互動中也讓對方隨時提起警惕之心，跟我保持「安全」的距離，理所當然，跟西方朋友見面時也能以合掌取代讓人尷尬的擁抱。

記得剛出家時，長老法師對我們說：「出家的路很漫長，很多磨難，能夠一生堅持穿著僧服就很不容易了。」這句話時時刻刻都在叮嚀著我。而這幾年於國外不同文化的環境裡生活，更讓我體會到僧服對一個出家人的意義。它不只是一種身分的象徵與認同，更是一層保護衣，讓我可以更堅定於自己選擇的修行道路。這身灰布粗衫，得來不易，盡此一生必須好好守護著。

人生快門

03

很會考試

朋友曾告訴我說他很會考試，並補充說：「日本學生一般都如此。」我從來不喜歡也很排斥考試。「很會考試」到底是怎樣一種厲害的能力呢？實在不懂。旁聽了這堂德文課，終於有了一些體悟。

京都大學的這些年輕人，平時上課沒很認真，也不怎麼表現，總是和朋友們嘻嘻哈哈的。但只要教授提問，卻從來沒有答不出的，而且考試成績發回來，全班平均得九十分以上。可見這些平時不怎麼表現，卻很懂得學習技巧的京大生，也許就是「很會考試」的模範生了。其實他們一直默默地磨劍，只有在考試時，才會將真本事顯露出來。

曾經以為「很會考試」是一種貶義，只是「填鴨式」教育體系下培養出來的新生代而已。事實卻不然。有素質的考試，其實是一種自我審查、自我提昇的很好的制度。重點是，考題要有素質。這樣，「很會考試」就變得有價值。

如果你真的了解了學習中的新知識，考試就是給你機會思考、運用而已。考不好，證明了我們似懂非懂的地方還很多。就好比禪修中的小參，或公司的檢討會議，不也是為了同一個目的而設的嗎？

CHAPTER 1

04

非常「名所」

又到了賞櫻的季節。佛教學系的日本同學們相約週日上午，到京都最負盛名的「名所」賞櫻，然後在樹下用簡餐。

同學邀請我一同出遊，可是每週日上午是我到福成寺禪修的時間，因此也只能拒絕。同學一臉疑惑地看著我，心裡似乎打著很大的問號：「千篇一律的禪修怎會比一年一度的賞櫻有趣？」

我笑笑不語。

福成寺住持慈賴法師帶領大眾做早課。（釋有晉攝）

返景入竹林

我每週日去禪修的寺院，是日本臨濟宗建仁寺派屬下的福成寺。雖然隸屬「洛西三十三所觀音靈場」，卻不是春天賞櫻或秋天賞楓的「名所」，因此完全沒有遊客到訪，只有在每週日上午的禪修會，才會遇到幾位住在附近地區的信眾。

歷經兩小時的禪修及早課結束以後，即到了出坡時間。出坡的作務很簡單，不外乎掃掃落葉或擦擦窗戶。福成寺的範圍雖然不大，但庭園卻非常有特色，既有參天的櫻花樹，也有鋪滿了一地的青苔；眾多花樹之中，有繡球花、山茶花、牡丹、睡蓮、梅花、紫藤、娑羅樹，當然也少不了秋天最應景的楓與銀杏，一年四季皆呈現不同風貌。

出坡時，我經常會丟下掃帚，一個人跑到斜坡上的竹林深處，聞著朝露裡古木青苔的氣息，感覺吹拂在臉上的春風，沉浸在竹葉間閃爍起舞的萬道金光裡。竹林裡的鳥啼與蟲鳴，在春風的指揮下演奏著大自然交響曲，呈現出一個生命蓬勃的世界，相對地，內心卻變得平靜無比。這時的自我，與外在的一切交織在一起，彷彿這一刻還在身上，下一刻即融入風中、竹林之中，彼此呼應，感覺眼、耳、鼻、舌、身、意六感都活絡了起來。

讓我不禁想到，唐代「詩佛」王維形容的「空山不見人，但聞人語響。返景入深林，復照青苔上」，形容的也許就是這種人與大自然合一的感覺吧！

吃飯即修行

輕鬆地出坡，隨著響徹山林的打板聲而結束。福成寺的早齋，是很樸素的一鍋白粥配幾道日式的醃漬蔬菜。由於空間的限制，過堂的方式亦被簡化。雖然如此，基本的規矩還是要遵守的，譬如進食時禁語，添菜時以手語溝通，碗筷不可碰撞發出聲響，以及留一片菜葉做為清洗自己的碗盤之用等。

當中有一規矩很有趣，即是用

福成寺斜坡上的竹林深處，是作者放鬆的地方。（釋有晵攝）

餐後大眾的筷子，要在住持法師放下以後才可以放下。不要小看這小小的規矩，我即使練習了三年，有時稍不留神，還是會習慣性地先放下了筷子，而遭到法師的瞪眼。

因此，為了提醒大家，住持法師會特意大動作地把筷子高高舉

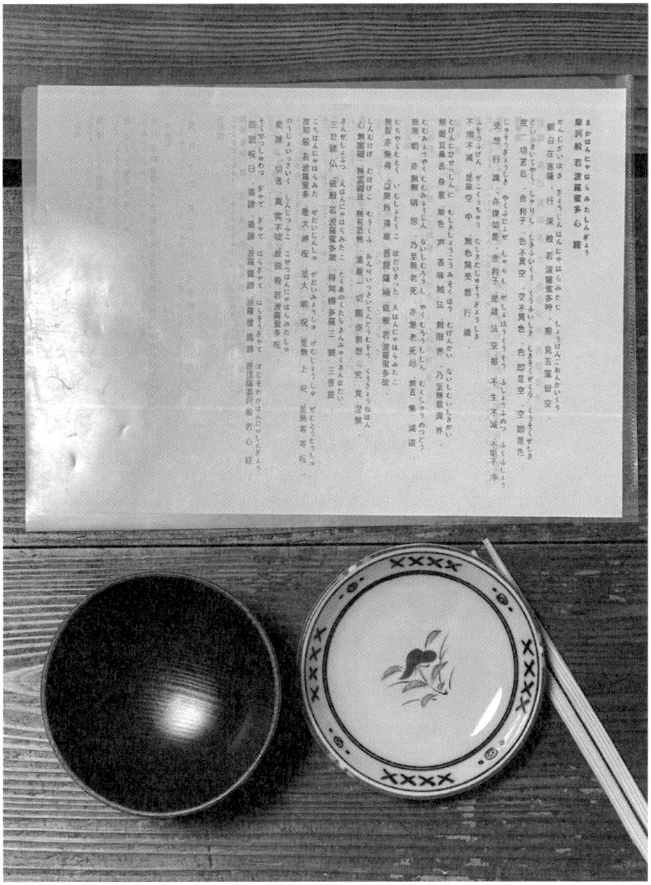

早齋的過程，無疑是正念的訓練。（釋有晉攝）

起再緩緩放下。即便如此，還是會有人在一片寂靜中，驚覺自己不小心放下了筷子，於是趕緊抓起筷子，再偷偷瞄一眼法師的表情，像犯了過失的小孩。

用早齋的過程，無疑是正念的訓練。尤其對那些習慣了邊用餐邊看電視，或刷手機的人來說，要專注於用餐時的每一個動作，以及每一口的咀嚼，實在不是一件容易的事。尤其是新人，只見他們用餐時，不是掉了筷子，就是忘記最後要留一片菜葉。一碗粥喝下來，弄得汗流浹背、緊張兮兮。但練習幾次以後，他們的動作不僅變得乾淨俐落，臉上也一副氣定神閒的樣子，跟之前簡直判若兩人。

和敬清寂

早齋以後，是品嘗抹茶的時間。日本茶道文化的開展，被認為是十二世紀初，由日本臨濟宗的開祖榮西禪師到中國留學時，把當時中國禪宗寺院所流行的飲茶文化傳入日本以後開始的。因此，凡是日本禪宗臨濟宗寺院的住持，不僅繼承著臨濟宗的公案禪體系，也習得一手沏茶的工夫。

在日期間，自己也學了一年的日本「裏千家」流派的茶道。做為初學者，我非常講究沏茶時，那些一絲不苟的標準動作，即「形」的表現。相對而言，住持法師重「意」而不重「形」。因此，剛開始時我心裡非常在意住持法師那些不達標準的沏茶動作，總覺得這裡的先後順序不對，那裡的茶碗擺錯方位等，滿腦子都是妄念。

看習慣了以後，我那愛批判的心才慢慢放下，而漸漸領會住持法師沏茶的風格，及其呈現之意境。其實，茶道最重要的精神——和敬清寂——就是在教導我們，要放下對自我及外相的執著，回歸當下，全心全意感受及珍惜眼前的人與事。想到當初自己的態度，實在汗顏！

直覺與直觀

聖嚴法師曾經開示說，直覺的反應是自己習慣性的認識與判斷，是先入為主的，因此不可信賴；直觀，譬如觀身、觀受、觀心、觀法，好比用照相機把一幅圖畫照下來，也就是看到什麼，就是什麼，無需去分別好壞、是非、善惡、多少。

由此可見，直覺是我們生活裡的慣性，而直觀就是生活裡的修行了。

在福成寺，使我有機會學習，以直觀來重新認識，以及感受大自然裡的一切。我嘗試打開所有感官，體驗外界的色、聲、香、味、觸之原本樣貌，並時時提醒自己，不急著用主觀的想法去分別，也不加入喜好與厭惡，只需要很純粹地感受當下萬事萬物的動與靜，用心觀照一切。

禪修結束後從寮房眺望日出，內心寧靜的片刻即是作者個人專屬的「名所」。（釋有暋攝）

燈火闌珊處

禪修會結束後，回到繁忙的京都，經過某處賞櫻「名所」時，只見人頭攢動，大家爭相在櫻花樹下拍照，而且還必須不斷躲閃旁人的鏡頭，每走一步就得說一句「sumimasen」（抱歉），實在難以專心觀賞美景。至於在那些網路上暴紅的打卡景點，更見得到長長的隊伍在苦苦等候照相，好不壯觀！

京都是日本傳統文化及大自然美景的重鎮，從各種傳統技藝，如茶道、花道、書道、歌舞伎等，到一年四季不斷輪替盛開的繁花，都有不少讓人趨之若鶩的「名所」。但是，對我而言，真正的「名所」不是那些被過度渲染或粉飾的景點，而是那些樸實自然，能為我們帶來感官愉悅，以及內心安逸的場所。而不為人所知的福成寺，即是這樣的一個地方。

其實，我們又何必盲目追隨被大眾或媒體所追捧的「名所」呢？也許，只要放下一些先入為主的觀念，不依賴直覺，多訓練直觀的能力，我們就會發現，眾裡尋他千百度，驀然回首，專屬我們個人的「名所」就在燈火闌珊處呢！

聖地

每個人都應該要找到一個能讓自己沉靜下來、屬於自己的「聖地」。

一個可以讓自己遠離塵囂、安靜地面對自己、安心的地方；一個可以讓自己思考、反省，重新充電的場所。

這裡，即是我心目中獨一無二的「聖地」。

不管是來靜坐、讀經，或是單純來看看書，甚至只是經過時到大殿禮佛，都讓我感覺寧靜，無比法喜。

你心目中的「聖地」，在哪裡呢？

CHAPTER 1

05

哲學之道上的侘寂咖啡館

「今天可不是週五喔！」店長聽到我把腳踏車停靠在門前石階旁時發出的聲響，稍稍抬頭打招呼，而右手依然小心翼翼地控制住手沖咖啡壺嘴裡注射出來的水柱，使它維持著均勻的粗細。

我輕輕揚起手上握著的筆電，她看了微笑點點頭。為了不打擾專注中的咖啡師，我逕自爬上二樓。那裡的空間不算寬敞，只有兩張長桌，八個座位。上午明媚的陽光，從前方兩扇對著疏水道的大窗戶，肆意地灑了進來，在木質的空間裡張牙舞爪，形成各種光怪陸離的影子。

窗戶前的角落是我常坐的位子，每當目光在筆電的螢幕上游移時，眼簾同時會收進疏水道上的粼粼波光及周圍的花光柳影。館內的背景音樂，有時會播放西方古典樂，但更多時候，是當地歌手的原創歌曲，充滿田園氣息，讓人心曠神怡。

哲學之道

過去幾年，我在京都大學文學研究所撰寫博士論文。由於不喜歡一直待在堆滿書籍的研究室，在沒有課的週五，我會帶著筆電，到大學附近哲學之道上那一間小小的、人氣不旺的咖啡館，繼續跟論文搏鬥。研究室裡的日本同學似乎沒有這種習慣，每當他們問起，我都會說這是為了「気分転換」，即「心情轉換」的意思。

哲學之道，是一條長約二公里的小道，從南側的永觀堂開始，沿著琵琶湖疏水道，往北經過好幾座寺院及神社，如熊野若王子神社、慈照寺及法然院等，一直延伸至銀閣寺。哲學之道的名稱源自明治／昭和時期，京都大學哲學教授西田幾多郎及其他文人經常到此散步做哲學思考之故，並於一九七二年正式命名。

可能由於名稱取得好，這裡的

環境總是瀰漫著濃厚的人文氣息。設計低調的藝術坊、貌似博物館的咖啡館，以及幾間紀念品小店，疏疏落落地點綴著這條步道，從早到晚，給人寧靜安詳的感覺。

春天，哲學之道上櫻花盛開。（釋有晉攝）

文藝咖啡

那家我經常光顧的咖啡館，店長是一位文藝青年，愛好藝術、攝影及音樂。她喜歡跟客人聊天，但也很懂得何時該給人留下獨處的空間。有時，店長若閒著沒事，會跑上來關心我的寫作進度。為了轉換心情，我會拿起手機，跟她一同研究如何用鏡頭捕捉窗前夢幻般迷人的光影。

不知為何，我們都為這光影著迷。做為土生土長的京都人，店長不但住在遠離塵囂的北白川地區，更選擇只在春、秋兩季會有人潮的哲學之道上經營咖啡館。她說，第一次看到這棟老房子內的光影以後，就決定將它買下來。

這棟老房子是明治時期留下來的木造建築，屋頂下的長樑上有墨跡寫著「明治三十七年三月十五日建築」。店長以最大限度保留了建築的原貌，把已經劣化的土牆重新砌上黏性黃土，表面不加任何修飾，讓粗糙的線條呈現出各種圖紋，展現出最自然的變化。每次坐在那裡閱讀，圍繞在溫暖的橘燈下，時而看著窗內跳躍的光影入神，時而望向窗外起舞的波光發呆，我常會忘記時間的流逝。

靜態城市

其實，哲學之道上的櫻花及楓葉，舉國有名。每年的春天及秋

明治時期的樹幹橫樑、木質地板與黃土牆，成為咖啡館的特色。（釋有曆攝）

天，湧到這裡賞櫻或賞楓的人潮，會把所有通道擠得水洩不通。可是，賞櫻及賞楓的時節皆短，最多兩週左右。過了旅遊旺季，哲學之道上不是覆蓋著鬱鬱蔥蔥的綠葉，就是豎立著光禿禿的枝幹，步道上也只剩下寥寥無幾的居民，悠哉地路過，或走路，或騎腳踏車，呈現一幅最樸實的生活畫面。

沒有課的週五，作者會帶著筆電到咖啡館轉換心情，繼續跟論文搏鬥。（釋有晵攝）

我喜歡這種日常風景。有一次，當我埋首在面前的螢幕裡，窗外突然傳來一陣騷動。一對穿搭著西式婚紗的情侶，帶著攝影團隊，來到青蔥翠綠的櫻花樹下，在涓涓而流的小溪旁，拍起了照片。這時，咖啡館內的常客，以及忙著沖泡咖啡的店長，興奮莫名地跑上二樓，笑瞇瞇地望向窗外上演著的幸福。我打開筆電，用谷歌（Google）搜尋《吉祥經》，心裡默念了一遍，給這對喜歡哲學之道樸實之美的情侶，獻上深深祝福。

比起東京的九衢三市、香港的華燈璀璨、臺北的花天錦地，我總覺得，京都是一個靜態的城市。春天的櫻花落英繽紛，是靜態的；夏天的繡球花團錦簇，即便蟬聲陣陣，也是靜態的；秋天的紅楓雖遍地火紅，其烈焰依然是靜態的；冬天的柏樹萬古長新，更是靜態的最佳表現。

不但如此，京都的文化底蘊，也是靜態的。即使到了熙熙攘攘的商業區，走在路上也不會看見五光十色的廣告牌或霓虹燈。京都的商家們看來都很內斂，且各做各的，不會干擾任何訪客。做為過客，我可以靜靜地走過，不經意地經過，而絕對不會揚起一點塵埃。傍晚，偶爾看見疏水道上悠悠游走的野鴨或徐徐下降的白鷺鷥，這種畫面有如慢鏡頭般，呈現出各種靜態的意境。京都的內在美，都在這些不起眼的日常裡展露無遺。

第二故鄉

許多朋友來京都旅行時，常要我介紹能帶來驚喜的私房景點。其實，對我而言，有點為難，因為我既不喜歡到人山人海的地方，更對那些讓人覺得焦躁的旅遊勝地興致怏怏。即便在哲學之道，比起那讓人驚豔的粉櫻及紅楓，我更樂於在當到處還是一片油綠綠且沒有遊客到訪的季節，坐在一間缺乏人氣，卻充滿人情

冬天，咖啡館與腳踏車。（釋有晵攝）

COFFEE
Always
FRESH
BREWED
COFFEE
OPEN
CAFE
CAFE

味的咖啡館內，寫論文也好，放空也罷，或跟店長天南地北閒聊，或單純感受一個與自己同在的時光。

也許，我喜歡哲學之道的原因，僅僅是那些經過長時間累積起來，看來樸實、單調，卻很耐人品味的人文與環境。這種感受，有如日本美學裡「侘寂」的審美意識：在樸素、無常的事物中體驗到其豐富內涵與優雅脫俗的心境。

在哲學之道，我找到自己偏好的落腳處，並跟當地的人與事慢慢地、一層一層地加深彼此間之連結。不管是美的、醜的、細緻的、粗糙的，我都欣然接受。久而久之，竟也讓我對這地方，產生了宛如第二故鄉的錯覺。

人生快門 05

隨遇而安

朋友在異鄉獨自生活多年，問我該如何排解寂寞。老實說，我不知道。

「那，你是怎麼過的呢？」朋友問。

從抵達日本的第一天，我就把電子三屏（筆電、平板、手機）的系統統統換成日語，逼自己習慣。然後，每天在大學食堂吃納豆，平日過日本人典型的朝九晚九研究生活，週末就到禪堂掛單。

再來，春天吃櫻花冰，夏天爬山，秋天逛寺院，冬天就到澡堂泡澡。只想過得像一個當地人。我想，不把自己當外國人，應該就不會有鄉愁的寂寞了吧！我會孤單，但不寂寞。這就像蒙古人能夠征服歐亞大陸的一個原因，他們不管去到哪裡，都能改變並適應當地的生活，過得像一個當地人。

「也許，我血液裡多少流淌著大草原遊牧民族的性情吧！」我笑說。

處處無家處處家，也許就是在教我們要隨遇而安吧！

CHAPTER 1

06

情牽北白川

清晨，金光徜徉，秋風吹拂著臉頰，讓人感覺像在加州。路旁的稻田裡，那一株株飽滿的稻穗，像是排列齊整的隊伍，彎著腰，弓著背，隨風搖曳。此時，吉野先生迎面跑來。他的年齡看來有七十幾了吧，雙腿萎縮，已形成彎彎的弧度，雙臂前後誇張地擺動，也如稻穗那樣，彎著腰，點著頭，仍堅持一步一步往前跑。經過身旁時，他總是睜大雙眼看著我，直到我給他一個微

狸谷山不動院是日本真言宗修驗道的總本山，從公車站下車至少得爬半小時的坡道才能抵達。（釋有暋攝）

笑，他才咧開嘴很開心地說一句「早安」。我不禁想起電影《我想念我自己》（*Still Alice*）：我們每一個清晨的相遇，對吉野先生而言，是不是都是一場全新的邂逅呢？

晨跑路上的夥伴

迎著晨風在住處附近慢跑，是我每日修行的一環。從住處開始，我穿街越巷，專往充滿大自然景色的稻田慢慢繞過去。經過一排排低矮的民房，在轉角處，會看見一整片生機勃勃、美得動人的稻田。尤其是在秋高氣爽的季節，稻穗碩果纍纍，成熟的稻香撲面而來，總讓人心曠神怡。可能是由於京都藝術大學地緣的關係，左京區北白川的社區總讓人感覺到很濃厚的文藝氣息。

穿過一片片的稻田以後，到達十字路口，卻會看見一間不斷在擴建的「柏青哥」（Pachinko，一種普及日本的賭博機）商店。由於時間還早，退休老人或無業遊民尚未到來，我看見的，只是一夜喧嘩後留下的唏噓殘影。

我晨跑的目的地——狸谷山不動院，地處偏遠，是日本真言宗修驗道的總本山。從公車站下車，至少得爬半小時的坡道才能抵達，因此，平日遊人極少。越過「柏青哥」商店前的十字路口，就算進入狸谷山的範圍了。入口處的石碑，充當著世間的庸俗與宗教的神聖之臨界。

每次跑到這裡，我都會遇到醫師上田女士。她頂著鴨舌帽，身著輕便的運動服，雙手叉著腰，很優雅地登山。她身上掛著一個鈴，叮噹叮噹地，總是先聞其聲再見其人。京都人給我的印象是生活很規律、守時。我只要每天在同樣時間出門，就會在同樣地點遇到同樣的人，做著同樣的事，打同樣的招呼。

上田女士個性靦腆，我跟她經常碰面至少已有一年了，卻不曾交談一句。直到那天，凌晨下過雨，路滑，我輕輕提醒她要小心。那次以後，我從她口中得知她是一名整容醫師，在家照顧著年老父母，喜歡登山及露營，不喜歡秋天擠滿遊客的狸谷山。

這也難怪。狸谷山本身雖然不怎麼有名，寄宿於半山的詩仙堂及圓光寺可是名聞遐邇。竹田先生就是詩仙堂的負責人之一。他穿著輕便，腰板筆直，以攀登狸谷山做為一天的開始。詩仙堂隸屬曹洞宗，他雖然不是僧侶，卻過著如出家修行般的生活。我們每次相遇，總會同行一陣，而他也常邀請我到詩仙堂拜訪他。我心裡雖然感激，卻不曾應邀。我心裡明白，這種禮貌性的邀請，把心意收下就夠了。

在抵達狸谷山不動院前的一個繁忙路口，我會遇見長沼先生。他每天穿著印有「見守り隊」（社區學童守護隊），醒目的黃色反光背心，握著指揮棒，如日本地藏菩薩般親切地守護著上學途中的孩子。在日本，許多社區擁有完善的地方性自願團體，召集退休人士，進行各種回饋社區的福利工作。

長沼先生已年屆七十五，是一個樣貌慈祥的老先生。他站在路中央，來自四面八方的小學生及晨跑者都在他的視線範圍內。

有趣的是，每次我經過他面前，他總會看一看手表，像在提醒我要守時。下山時，他還經常故作意外地對我說：「你的速度好快！」讓我暗地裡竊喜。但是，每當我出門晚了，經過時他卻會一邊看著手表，一邊搖頭。像這樣愛管人的老先生，還真少見。

和平共生的淨土

做為大家的守護者，長沼先生隨時掌握著第一手地方資訊。譬如，他好幾次對我說：「今天路上有猴子，留意喔！」果然，在不遠處，枝葉茂密的路旁，就看見公猴帶著成群猴子，有的在抓耳撓腮，有的上躥下跳，有的在專心採食野果。更有些膽子大的，爬上人家的屋頂，俯伏在屋簷上，大喇喇地曬太陽。母猴則保有極高警覺性，只要看見有人經過，會立刻把小猴背在身上，迅速爬上樹梢。小猴轉著黑溜溜的大眼睛，很好奇地打量著我們這些晨跑者。

住這裡的人們，對野猴的出現

在路口照顧學童安全的長沼先生。（釋有暋攝）

屋簷上曬太陽的野猴。（釋有晵攝）

已經習以為常。他們絕不給野猴餵食，也不會讓猴子們有機會進入屋內。房子外的範圍，則任由他們來去，從不干涉。猴子們也彷彿受過教導，規規矩矩地，不會去翻垃圾桶，也不會隨意搗亂。更有趣的是，有些人家裡養的小狗，也跟猴子們相敬如賓，連家貓也若無其事地在圍牆上走著貓步，對頭頂上那些嘰嘰喳喳的猴子們完全視若無睹。在京都，看來連野生動物都比較懂得共生原則。

在一個特別寧靜的上午，在某轉角處，我突然看見一隻母鹿，帶著兩隻小鹿，站在路旁吃草。我與母鹿一起抬頭，四目相望，同時僵住。沒多久，當氣氛稍微緩和，我輕輕坐下，掏出手機，對著牠們拍起照來。我曾聽說北白川有鹿，但牠們總是神出鬼沒，要相遇得要有莫大緣分。不像奈良的鹿，每天走入人群，更特別鐘愛充滿愛心的遊客。據說，奈良的鹿群早上準時從森林出發，到公園內開始「上班」，向遊客們討餅吃，也任人撫摸。相比之下，北白川的野鹿獨立多了。偶爾遇到晨跑者，母鹿都會很警惕，小鹿則躲在媽媽身後，探頭偷窺這些陌生的生物。這些小傢伙既膽小又好奇，表情煞是可愛。

進入冬天，狸谷山又換了另一個面貌。京都每年的下雪量很少，在冬天時能遇到一、兩場小雪已屬幸運。有一天，早上的打坐剛結束，突然發現窗外白茫茫一片，原來前一天晚上下過了漫天大雪，把整個千年古都裹上一層厚厚的雪花。我不多想，抓起相機就往狸谷山奔去，心裡知道，北白川最美的時刻，應該就是此時了。

果然，一路上，大地變得銀裝素裹，松柏的線條顯得更硬朗筆直，路旁的房子還裹在白色的棉被裡，冷得直哆嗦。這些我平時再熟悉不過的景物，一夜之間全換了裝，本來深藏著的美麗靈魂，此時更顯深邃，在稀稀落落的屋瓦間的空隙裡發出美的召喚。我躡手躡腳地走過，還是驚動了沉甸甸的松枝，蓬鬆的雪花「颯」的一聲墜落，灑了我一身。北白川雪景的韻味，就是這般內斂質樸。

體驗當下之美

對大多數人而言，京都的美景，當數氣勢恢宏的清水寺、瓊樓玉宇的金閣寺，或古色古香的龍安寺。可是，如京都在地攝影家中島光行在《第三次的京都》（三度目の京都）裡說，這些景點只留給第一次到訪京都的遊人。這是因為，京都的美，不僅僅是以上的名所，而是那些隱藏在小巷裡，樸素、無為及純化的人文風景。

我覺得，正是這種對美麗事物的純化，刻畫出了京都那種乍看之下無質無形，卻能給人迎頭一擊的美的震撼。那是一種心靈深處的感動，能讓人內心轉為清涼、寧靜。因此，那些來拜訪我的朋友，我通常不會帶他們擠公車到清水寺等名寺古剎打卡，而是要他們騰出最少半天的時間，跟我到狸谷山走一趟，順道拜訪詩仙堂及圓光寺。我的用意，是

通往狸谷山不動院的階梯，以鮮紅色的鳥居及白雪為頂棚。（釋有晵攝）

奉納

希望讓大家能放下內心的急躁，慢慢體驗一個城市的自然美，以及生活中的文化氣息。

在京都居住這幾年，我深深體會，美感不是追尋而來，而是當下對生活裡遇到的人、事、物最真實的體會，好比每天晨跑時遇到開朗的吉野先生、優雅的上田女士、有禮的竹田先生及慈祥的長沼先生，當然還包括知分寸的野猴及好奇的小鹿。這些風景，宛如佛國的吉光片羽，是我在京都生活裡最美的記憶。

就像禪師的教導那樣，只要我們能細心觀察，安然體驗每一當下，如此，則何處非淨土呢！

人生快門 06

走路

最近愛上了走路。

不是說以前不愛走，而是，走的只是雙腳，不是我。

離開研究室前往食堂用餐，我就戴上耳機，開始追蹤國際新聞；前往哲學之道上的咖啡館，我也掛著耳機，關心烏克蘭的狀況；去超市買菜，雙耳塞著耳機，在瞬息萬變、紛紛擾擾的網路世界裡打轉。

心，很忙，一直都不在。

有一天出門時，決定把心給帶上。

把獨處的時間，留給自己。

聽聽路上喧鬧的車聲、人聲，看看水面上稻禾的倒影，嗅嗅空氣裡的茉莉花香，是否還瀰漫人間。

還給自己，一個懂得靜聽、靜觀的自己。

卻發現，好好地走、用心地走，世界依然美好。

CHAPTER 1

07

京都生活的挑戰

四月，在京都大學校園裡，那棵百年櫻花樹終於脫下粉紅色衣裳，抽出綠油油的新葉。此時，畢業鐘聲亦響起，提醒我：是時候離開這求學之地，準備展開人生新旅程了。

在日本留學這幾年，經歷許多人與事。那些出現在我生命裡，成為無上助緣的菩薩，不論是物質或心靈上的協助，在在都讓我感動，且留下感恩的回憶。其實，我的留學經歷並無任何特殊之處，卻曾接受好幾次演講邀請，與年輕人分享一些激勵的話語。現在回想，這可能是由於當時自己以一個年近四十的「貧僧」身分，且在日語基礎不好的情況下，竟然敢跑到日本留學之故吧！

獎學金

「學長，請問您是如何張羅到日本留學的費用呢？」在一場分享會結束後，年輕的法師學弟似乎受到鼓舞，也萌生了出國留學的念頭。

的確，出國留學首先必

京都大學校園裡元老級的百年櫻花樹，總讓人驚豔。（釋有晉攝）

須解決的，就是資金問題。還記得，當時跟船山徹教授在臺北首次見面談論留學事宜時，在聽了我的留學動機及研究方向以後，教授用很關切的眼神看著我說：「留學的學費及生活費沒問題？」

我跟教授報告：「我得到一些佛友的供養，以及家人朋友的贊助，目前籌到了前兩年留學的費用。到了日本，我會努力申請獎學金。」當時，船山教授聽了沒說什麼。而我心中的想法是，推算在京都大學完成學業的時程，從第一年當研究生開始，經歷碩士到完成博士課程，預計最少也得六年。

在日本，民間獎學金團體就有一百多個。此外，京都大學有學費減免及生活補助金等制度，加上一些地方公共團體所提供的獎學金，種類還真不少。雖然如此，每項獎學金卻各有限制。譬如，有的只提供給某領域之研究者，有的只給某國籍留學生，而有的則要求絕對流利的日語溝通能力，更有的設下嚴格的年齡上限。篩選到最後，符合條件的也就所剩無幾了。「總而言之，只要努力申請，機會總是有的吧！」我想。

剛開始時，我投出的申請都石沉大海，音訊全無。教授看了我填寫的內容，笑著說：「你這樣寫不行。要知道，日本人很務實，你必須具體說明如何運用這些獎學金。」他看我還是一頭霧水，便說：「你不是說現在用的筆電太舊了嗎？還有，在日本買佛教書籍很貴，你可以說要購買大量佛書，回國以後才可以繼續做研究。」一語驚醒夢中人！原來教授不只做研究厲害，也非常通情達理。不但如此，他還為我寫了非常正向的推薦函，連自己讀了都受到莫大鼓舞。就這樣，我的獎學金也陸續有了著落，解決了留學生活之第一難題。

我心中的米其林三星

對法師而言，到日本留學的第二挑戰莫過於飲食了。眾所周知，素食在日本並不普遍。許多餐館的招牌上雖然寫著大大「Vege」的字眼，進去以後才發現，原來那是指「我們的料理含有比較多蔬菜」。而更有趣的是，每當日本朋友邀請我聚餐，總會煞有其事地說：「知道你吃素，我們找了家海鮮餐館……什麼？連章魚也不行？」其實，日本朋友都很熱心，但他們總是很難擺脫「海鮮非肉」這種傳統觀念，更不用說要理解漢傳法師不食五辛（蔥、蒜、韭、薤、興渠）的習慣了。

京都大學的食堂可以說是我心中的「米其林三星」餐廳。在那裡，我能吃到健康美味的糙米飯、烏龍麵、各式小菜及味噌湯。幾年下來，食堂的阿姨記住了我的點餐習慣，每次只要出現在她們面前，就會自動為我端上一碗烏龍麵。如果幾天沒到食堂，她們也會輪流問候，倒讓我覺得有些愧疚。有一次，我從大馬帶回來伴手禮，看見她們那天真快樂的表情，讓我深深體會禮輕意重之意涵。當中有一位叫「中村」的阿姨，還經常報給我「小道消息」，譬如，她會提前通知我食堂在哪一天會準備我最愛的蕎麥麵，吩咐我不可錯過。

另外，大學附近有一家老奶奶經營的南印度餐館，是我每週末必報到之處。老奶奶知道我是留學僧，擔心我吃不飽似地，總會偷偷給飯菜加量。剛開始時我並沒察覺，心裡卻總是奇怪，為何每次在那裡用了午餐以後，晚餐就吃不下？

大學附近有一家老奶奶經營的南印度餐館，是作者每週末必報到之處。(釋有晵攝)

自從疫情蔓延以來，她開始推出外帶便當，我也每次用餐後都外帶兩個，以示支持。沒想到，她趁機在袋子裡，額外放入各種小菜及當季水果，加上便當的分量也不斷增長，最後發展成只買兩個便當，就足以解決我一星期晚餐的局面。為了表示感激，我常會送她一些臺灣同學寄來的高山茶或芒果乾等甜食。當她高興收下以後，我知道，下週的便當袋又會加重了。

Monks' Talk

生活裡除了飲食，精神糧食也必不可缺。為此，我固定每個週末到京都南區的臨濟宗道場福成寺禪修。福成寺的住持法師是德國人，在日本已居住超過二十年，生活習慣幾乎跟日本人無異。正由於他對日本文化有深刻的體會，導致他體內藏著的西方魂常冒出來做東、西文化的比較。因此，每週六晚上的見面，成為兩個留日外國法師，分享對日常生活裡新奇體驗之聚會；尤其是對日本佛教界裡各種匪夷所思的現象，更是「不吐不快」。

這兩年由於疫情之緣故，我們都沒辦法回各自的祖國。對我而言，遇到一個跟自己有著相似經驗，且可以互相同理及傾訴的對象，內心實在得到莫大療癒。

其實，不論就年齡或戒臘，住持法師都是我的長輩。但是，他那豪邁的性情及不拘小節的個性，總讓人特別容易親近。我曾跟他說，福成寺就是我的「解壓艙」，是讓我得以紓解每天對著論文所產生的壓力之處。

研究室的同學覺得好奇，京都有許多禪宗寺院，為何偏偏要老遠跑到福成寺去？原因其實很簡單，因為那裡有每週六晚上為我而留的一盞燈，桌上放著的一壺熱茶，住持法師笑盈盈的臉，以及讓我們可以暢所欲言的「monks' talk」。

流水向後

在日本留學，我得到數不清的恩惠與真誠款待。當我被感動得無法言喻時，總會不斷尋思該如何報答大家的恩情。拜日本財團法人給予的獎學金之賜，免除了我對生活費及學費的憂慮。俗語說：「取諸社會，用諸社會。」因此，我常會光顧一些個人經營的小商店或餐館，譬如老奶奶的印度餐館、京都大學附近的家庭式麵包店，以及哲學之道上沒人氣卻充滿人情味的咖啡館。當初純粹是為了用行動表示支持，沒想到，當成為忠實顧客以後，他們反而對我做出更多無私地付出。至於我的論文指導教授，我也只能更努力，把他教我的研究方法好好發揮於論文寫作上。

聖嚴法師在《聖嚴法師學思歷程》裡說：「大鴨游出大路，小鴨游出小路，……不管才能大小，不問地位高低，只要盡心盡力，總會走出一條路來。不要羨

作者與福成寺住持慈賴法師合影。（釋有晉提供）

慕他人，也不要小看自己。」在日本留學的這幾年，讓我深深懂得知恩報恩，發願不斷精進努力，並把所得全部回饋於這個養我、育我的社會，以及生活中帶給我許多感動的菩薩們。

人生快門 07

儀式

我學會，儀式，不只是一種形式。

在傳統和室裡用「精進料理」時，主客坐正中，其他人（包括教授）坐下位陪坐，意思是：為你餞行，你是貴賓，一切以你為尊。

臨別時，教授握著你的手，一句「ganbate」，其實是想告訴你：做得不錯，對你期望很高，這師生緣是一輩子的。

在研究室跟學弟們道別時，大家會一致地說：「承蒙關照。」其實想說的是：「跟你在一起很開心，感謝你的付出，有機會再踢足球。」然後，來一張大合照。

向食堂的三位阿姨道謝時，我也只是一句：「承蒙關照。」但我的意思她們

定曉得：感謝你們對我特別厚愛，那份溫情，銘感於心。

告別研究室的清潔阿姨也是同樣一句話，但我的眼神在說：「感謝你每天親切的一句早安，更感恩你總是在背後默默地付出。」

向茶道老師道別時，我們只彼此交換一句「珍重」。但那不願離去的眼神，以及深深九十度的鞠躬，似乎在告訴我：「感謝你讓我接受了佛法，感謝你的陪伴和鼓勵。」

向餐館老奶奶道別時，她一直站在廚房門口，直到我打開大門出去，再回頭說了一句：「再見了！」她依然看著我，沒有轉身進去的意思，似乎在問：「幾時會再見？」

最後，向福成寺慈賴法師告假時，他大笑一聲，給我一個熊抱……，一切盡在不言中了。

我學會了，儀式，不只是一種形式。對於表達含蓄的亞洲人而言，它其實是充滿溫度的心靈交會、有療癒作用的表達方式。

鴨川有情 ●

禪意詩仙堂 ●

弘法之藝術：落語 ●

真・行・草 ●

新年祝福在日本 ●

日文佛教用語演變 ●

日本家庭的佛壇文化 ●

界與戒 ●

CHAPTER 2

發現文化裏風景

CHAPTER 2

01

鴨川有情

「嗖」的一聲，手背上一涼，一道黑影如閃電般從眼前掠過，隨即騰空而起。

還來不及反應過來，身旁的朋友驚呼一聲：「老鷹！」

急忙抬頭往上看，只見空中有成群的老鷹，有些兩翼平伸在極高處滑翔著，遠看如逗點般大小；有些則倨傲地扇動著倉色的大翅膀，俯視著地上的人們，做出隨時俯衝的姿勢。而剛上演的一幕，正是一隻技藝精湛的老鷹，以迅雷不及掩耳之勢從我手上攫走了吐司！牠以利爪精準無比地獲取了獵物，過程中不傷我分毫，充分展現了「零接觸」之真工夫。加上牠從我背面像流矢一樣地襲擊，讓我完全無從防備。

出町柳車站前，鴨川上呈Y字型之三角洲，乃著名「跳烏龜」場所。（釋有暋攝）

鷹之樂園

在京都住了幾年，每當有朋友從國外來旅遊，我都會大力推薦私房景點——鴨川。其實，我的日常活動範圍相當狹窄，從位於京都藝術大學前的住家到京都大學文學研究所研究室的路程，大概就是一整天感觸到的外在世界了。不像剛到京都時的我，每週末不是去探訪名寺寶剎，就是往美術館或博物館裡鑽；現在的我，到三條商店街就等於「入城」，而到京都車站感覺就像是「出遠門」了。

因此，我常對朋友說，那些旅遊書上介紹的景點，你們自己去就好，跟我見面的話，就到鴨川吧！而我最喜歡的地方，就是在出町柳車站對面、鴨川上一塊呈Y字型的三角洲。

這三角洲是鴨川上最特別之處，隨時可以看到海狸鼠、鴨子、白鷺鷥，以及成群的老鷹。從京都大學吉田校區出發，走十分鐘即可抵達，很適合我的惰性。三角洲的上端是古代原始森林「糺之森」，蒼松翠柏，古木參天；下端則綠草茵茵，平時有許

鴨川是老鷹的樂園，經常可見老鷹在高處翱翔。（釋有暋攝）

多當地人與遊客扶老攜幼到這裡乘涼遊樂，尤其是大學生，更喜歡到這裡辦團康。而我，每到夕陽西沉時，總會忍不住從研究室開溜，到這裡看著人群、野生鳥禽，放空自己，讓潺潺流水洗滌身心。

就像S君來京都拜訪的那天，我們帶著三明治前來看人、看風景。沒想到，被我握在手上的吐司，竟成了老鷹的獵物，被攫走了。當我們回過神來，覺得這體驗也太有趣，便故意把一片吐司放在身前不遠處，看老鷹們此起彼落地俯衝與騰空，驚歎不已。後來我才知道，老鷹掠取人們手上食物的情形已造成區域性的困擾，因此，餵食老鷹的行為實不可取。

跳烏龜

其實，吸引大批人潮前來鴨川上這塊三角洲的，是一個被稱為「跳烏龜」的活動。那是市政府在鴨川上幾處地方設置的踏腳石（日語：飛石），形狀有烏龜、鳥及櫻花等，但以連接三角洲之烏龜形踏腳石最為有名。根據官方說法，設置這種混凝土塊可以穩定河床，尤其是每年颱風豪雨季節來臨時，能有效減緩流水的速度。

不論其原意為何，這些踏腳石已成為當地人用來過河，以及觀光客競相造訪的觀光景點。每當

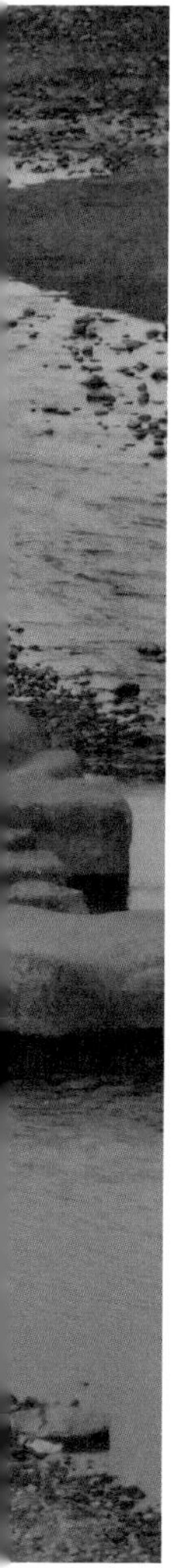

天氣好的時候，只見不少男女老幼，以龐大的龜殼做為墊腳石，興致勃勃地從一塊石頭跳到另一塊石頭，彷彿回到孩提時的歡樂時光。不要小看這些石頭，跨越它們所使的力道須恰到好處。這挑戰對成年人來說，尚且須步步為營；對小孩而言，更意味著必須從一頭奮力起跳，當落到第二塊石頭上時，需要緊急剎車，才不至於掉入水裡。

有一回，高中同學帶著太太及小孩前來京都。看著兩個精力旺盛的小孩，我二話不說把他們帶到鴨川「跳烏龜」。小孩們玩得不亦樂乎不用說，同學更牽著太太的手，以「兩人三足」之勢很有默契地跨到了對岸，回來時只見兩人臉上盡是溫柔的笑意。

這種溫馨互動的畫面，每天都在這小小的三角洲上演。每次坐在鴨川岸邊，除了可以看見人們溫馨互動，還能感受到與大自然接觸所帶來身心之愉悅，使我流連忘返。果然，到了隔天，同學帶著家人再次前往這三角洲，給京都之旅留下一個美麗的回憶。

驚悚鴨川

根據地理考察，鴨川起源於北區雲畑的棧敷岳，流經賀茂川與

在鴨川上「跳烏龜」，大人小孩皆樂此不疲。（釋有晵攝）

高野川，在南區伏見與桂川匯流。這從北到南長約二十三公里，把京都市一分為二的天然河道，孕育了千年的都市和文化。到了今天，鴨川仍然保持澄澈，被政府指定為一級河川，是人們喜愛的休憩場所。

做為千年古都，除了陽光下金光閃閃的金閣寺、花枝招展的花見小路，以及數不盡的古剎以外，京都也隱藏著一些未被記載的民間傳說。譬如，有傳說指出，鴨川的河岸曾是平安時代（七九四～一一八五年）的棄屍處，每當受到天災或疾病侵襲時，岸邊的屍體堆積如山。不但如此，鴨川河岸也是古代刑場，在權力鬥爭的歷史洪流中，許多失去權力的貴族或武將，乃至犯罪的刑徒，大多在這裡行刑。據說，當時在河岸，隨處可見身首異處的屍體，在日曬雨淋之下，漸漸化為森森白骨。

傳說終歸傳說，我相信，今天那些攜手坐在河岸旁談情，或跟友人相聚聊天的年輕人，不會知道鴨川曾有過這麼「驚悚」的過往。傍晚時分，當我站在三條大橋上，踮高腳往潺潺流動、清澈見底的河流看時，心裡總會禁不住幻想：若我看得更仔細些，會不會就在河床上發現傳說中的骷髏呢？

除此以外，在靠近商業中心地段，即三條大橋和四條大橋之間的鴨川河岸，每天會有許多人結伴坐在這裡。據說，曾經有人拿著量尺去測量人群之間的間隔，發現大家不論如何都會保持三公尺左右的等間距離，因此稱之為「鴨川等間隔法則」。其實，這道理不難理解，日本人（尤其是京都人）特別重視人與人之間的「安全距離」。在潛移默化下，發現自己也養成了這種習慣：每當有人坐到我身旁，都會很自然地挪動一下身體，盡可能讓彼此保持一定的距離。

夕陽下之鴨川，是附近居民回家的捷徑。（釋有晵攝）

療癒之川

《門外漢的京都》作者舒國治，在散文〈京都的水〉裡說，京都之所以浪漫，皆因美麗的河川之故。其實，河川是一個城市的命脈，尤其處於盆地的京都，四面環山，從不受破壞的高山源頭匯集而成之河流，早已成為人們生活裡的風景。在現代都市規畫裡，許多城市亦採取保護河川之措施，譬如韓國首爾市的清溪川整治工程，把原本的汙水溝，整治成綠意盎然的河道。不過，有韓國學者曾批評清溪川像一條「沒有生命的人工排水道」。相比之下，京都市天然河川的保護與養育，已成為全體市民的公共意識。這與大自然共生的理念，值得我們借鏡。

在京都生活了幾年，不論是晨跑或上學途中，我幾乎每一天都會路經鴨川，看天上翱翔的老鷹，觀賞河面上悠然自得的野鴨。印象最深刻的是，感受純潔水源給予心靈的療癒，有如禪修給予修行人生命的滋養一樣。就像在法鼓山參加禪期時，亦常會到戶外練習「聽溪禪」。可見，大自然與潔淨的河川確實能給心靈帶來安定的力量。

若問我對京都最大的懷念是什麼，毫無疑問，那一定是鴨川帶給生命的感動。

騎車也是一種心的訓練

宇治離京都不遠，不帶小U（這是我的單車暱稱）來一趟，有點說不過去。

漸漸地發現，對騎車的人來說，最難的不是距離，也不是斜坡，而是風速。距離遠，騎著騎著總會抵達；坡度斜，大不了下車用推的，推一下總會下坡；但是當風速高，且逆向時，你感覺就像在水底跑步一樣，每一步都如千斤重，真希望自己此時是一隻海豚就好了……。

問題是，去程順風，回程逆風。

通常，「回頭路」都很難走的。只有一個回家的方法：一直往前騎，就是。

把視野從看不到盡頭的遠方拉回來，把注意力放在腳下，把心放在呼吸。一步一步來。騎車，原來也是一種心的訓練呢！

人生快門 01

CHAPTER 2

02

禪意詩仙堂

京都，做為日本傳統文化之發祥地及中樞地區，名寺古剎與旅遊勝地比比皆是，而被列入聯合國世界文化遺產之名勝就有十七處。這幾年，網路上衍生許多「自助旅遊攻略」懶人包，打著「若不到此地，便不算到過京都」之口號，無形中讓許多人原本為了出門散心的旅遊，變成了攻城掠地、爭分奪秒、強迫拍照的打卡行程。

因此，每當有朋友順道來拜訪

我時，我總會要求他們放下繁忙的行程，騰出半天時間，隨我到個人最愛的私房景點——詩仙堂走一趟。

詩仙堂位於京都左京區的山區裡，範圍不大，入口處也毫不起眼。我晨跑經過時，常會遇到手上高舉著導航的遊客匆匆經過，

詩仙堂竹門看來不起眼，門內卻別有洞天。（釋有暋攝）

並在來回走了好幾趟以後，才停在小小的竹門前，喃喃自語：「就是這裡嗎？」反倒是那些到附近圓光寺參觀的人們，在參訪結束後悠閒地散步時，偶然被這樸素的竹門吸引了目光，然後發現這裡有一間寺院而感到雀躍。

宥坐之器

詩仙堂是十七世紀日本江戶初期，曾任德川家康家臣的石川丈山，為了隱居而營建的山莊。其名稱由來是在正堂內，橫樑下方，四壁上方，掛著從漢、晉、唐、宋各朝代選出的三十六位中國詩人像的「詩仙の間」而來。雖然現在是日本曹洞宗的寺院之一，詩仙堂非但毫無傳統寺院的建築風格，反而散發著山居茅棚般的隱居氣息。

詩仙堂的庭園裡有一個鮮為人知的竹製裝置，日語稱為「添水」。此裝置上橫放著一根兩節長的竹筒，其中間被支架固定著，可以上下擺動。竹筒的前一節有一斜切口做為入水口，後一節中空，其下方放置一塊石頭。清澈的泉水會從上面的竹管潺潺流入竹筒的斜切口，裝滿竹筒的前一節。然後，變重的竹筒前一節就會像翹翹板一樣降下來，把水傾倒而出，再迅速翹起。這時，後一節的尾端就會撞擊在石頭上，發出清脆的回響，劃破閒靜的山林。

參訪者常會被這突如其來的聲響吸引而紛紛尋找來源。找到那隱藏在庭園角落裡的裝置後，有人會興致勃勃地研究其操作原理，也有人會微笑著閉上眼睛，靜靜地等待下一次的回響。對我而言，這充滿節奏感的回響，似乎能喚起內心的覺醒，並提醒自己，要回到當下。

這令我想起，一行禪師在法國建立梅村禪修中心的規定，即每十五分鐘會敲鐘一次，讓所有人停下正在進行的事，並觀照呼吸，提醒自己保持正念。石川丈山設置「添水」的用意，似乎也有異曲同工之妙呢！

據記載，「添水」原本被田裡的農夫用來趕走田裡的鳥獸，因此也被稱為「驚鹿」。石川丈山是第一位把「驚鹿」引進日本庭園的設計師，後來許多寺院也相繼效仿，使其成為常見的裝飾之一。他還為這裝置題了一首膾炙人口的四言詩：「爾以自鳴，秋守田畝。水滿覆前，石出憂後。形側溪流，聲答山阜。宥坐惟肖，為誡云有。」

「宥坐惟肖，為誡云有」出自《荀子．宥坐》。據記載，有一次孔子到魯桓公之廟參觀，看見一個盛水器，被稱為「宥坐之器」。孔子解釋這盛水器的操作原理：當裡面的水空了就會傾斜；水量剛好時會保持平衡；水裝滿以後就會傾覆。在古代，英明的君王會把「宥坐之器」放在自己的左右，時時告誡自己，任何行為都必須拿捏得當。

由此可見，當初石川丈山的確有以「添水」做為「宥坐之器」之意。

〈六勿銘〉

石川丈山也是江戶時期有名的漢學學者及詩人。在詩仙堂原本的廚房裡，牆上有一幅用隸書寫的〈六勿銘〉，就是出於他之手。〈六勿銘〉是六句勵志的話：「勿妄丙王、勿忘棍賊、勿斁晨興、勿嫌糲倉、勿變儉勤、勿媠拂拭。」白話文可以意譯成：「不可用火不慎、不可疏於防盜、不可早上賴床、不可挑食、不可改變勤儉之美德、不可懶惰灑掃。」

乍看之下，許多人會覺得奇怪，何以一位武士出身、青雲得路的大文學家，其生命之志向，竟然如此地平淡、日常？

就像唐朝的大珠慧海禪師，當被有源律師問道「禪師如何用功」時，回答說：「饑來喫飯，睏來即眠。」簡單明瞭的答案，讓人跌破眼鏡。接著，有源律師繼續追問：「天下人不都如此？一般人與禪師的用功有不一樣嗎？」慧海禪師說：「不同。天下人喫飯時不肯好好喫飯，諸多要求；睡覺時不肯好好睡覺，千般計較。」

從古至今，許多人在談修行的

時候，非要把一個活潑的生活態度，變成某種形而上且僵化的模式不可。其實，修行是非常實際的生活方式，講求的是精神生命的提昇。對修行者而言，衣食住行雖然只是瑣碎事，卻不能不放在心上，因為修行本來就在日常生活裡見真章啊！

從〈六勿銘〉，我們不難發現，對通曉儒佛之道的石川丈山來說，修行不是高雅脫俗、不食人間煙火的避世生活，而是連用餐和灑掃等日常所有行為都被極度重視的處世哲學。觸動石川丈山寫下〈六勿銘〉的原因，多少是受到禪宗歷代祖師隱居山林的啟發吧！

石川丈山親手寫的〈六勿銘〉，蘊含人生道理與禪修精神。（釋有晉攝）

生死事大

在詩仙堂迴遊式的庭園裡繞一圈，觀賞池庭、枯山水、假山、林木、書樓、茶庵時，發現所有人的腳步變得閒適緩慢。更奇妙的是，儘管許多人同時在堂內的榻榻米上移動，大家卻都輕手輕腳，除了跟鄰人點頭致意外，沒有多餘的交談。

回到入口處，轉身準備離開時，發現門邊掛有一張木牌，寫著「生死事大」。

這句話出自《六祖壇經》。當時，行事不拘小節的永嘉玄覺禪師直闖六祖惠能大師的講堂，要惠能大師為他開示。當惠能大師指責玄覺禪師不懂禮儀時，玄覺禪師卻說：「生死事大，無常迅速。」即，「解脫之道」是最急最重要的事，由於感悟無常，因此求道心切，無暇顧及其他事了。沒想到惠能大師卻回答說：「何不體取無生，了無速乎？」意思是，如果你能體會到無生無死也無緩急，你就能解脫了。

以上的禪宗語錄有如醍醐灌頂，提醒我們生命裡最重要的不是生與死兩個面向，而是當中的過程，即每一天行住坐臥的體驗裡，我們的領悟與體會。當然，死亡依然是人生大事，若我們能時時對無常有所警惕，也許就能體會石川丈山遁隱山林、立身行道的目的，而不會耽溺於追逐名利的生活。若我們再進一步，明

詩仙堂庭園深處的地藏菩薩。（釋有晵攝）

白生死與緩急亦終究不過是虛妄，則能領會石川丈山以〈六勿銘〉做為原則之生活哲學，而懂得認真地活在當下了。

就像詩仙堂外，那些拿著導航匆匆趕路的人們，總會不經意地錯過目的地；那些懂得放緩腳步，欣賞沿途風景的人們，常常會在不經意的轉角處，發現讓生命感動的美好。

詩仙堂，禪意深遠，餘韻無窮，讓人去了，還想再去。

人生快門 02

真想年年二十五歲

有位同學看了我的臉書大感驚訝：「平時看你都待在研究室，你是幾時出去騎單車拍照的？」

有一位學弟更可愛，對我說：「每次抬頭就會看見你坐在對面，雙眼盯著螢幕，這畫面已經成為我對研究室的印象了」。

原來，大家都覺得我讀書這麼拚的嗎？

記得兩年前全國論文發表截稿的前一晚，幾個同學通宵達旦在一起趕稿。拚了一個通宵的大家，看來都進了「三摩地」，嘴裡咬著三明治的時候，雙眼仍緊緊盯著螢幕，雙手卻飛快地在鍵盤上飛舞。研究生寫論文趕期限，大概都如此的吧！

這種生活，對二十歲出頭的年輕人來說應該沒什麼。可是我不是啊！因此，經過那次以後，我決定再也不為了趕論文而熬夜了。我對自己承諾：平時做好時間管理，努力遵守，時間到時該放手就放手。而從今年開始，我也把跑步、騎單車列入了每天的行程。這也是一種體悟吧！除了道心，健康才是最重要的。而不運動，又哪來的健康？人一旦過了二十五歲，應該要有這種體悟。

習慣這東西很奇妙，一旦養成了，不做反而更難。習慣了上午七點跑步以後，時間一到，身體就會坐不住了；習慣了每週日騎半天腳踏車，不出門的話，也會渾身不自在。

「我的生活不只有研究及論文而已。」我笑笑對學弟說。

可是，這麼簡單的道理，我竟然花了四年才懂。

CHAPTER 2

03

弘法之藝術：落語

曾經看過一場表演：

描述日本江戶時代（一六〇三～一八六七年），有一位經營蒟蒻店的老闆六兵衛，在因緣巧合之下當了木蓮寺的住持。有一天，一位來自曹洞宗永平寺的雲水僧托善，前來要求跟住持辯論，並聲稱論敗者將被棍棒逐出寺院。對佛法一無所知的六兵衛，在無法逃避之下，只好硬著頭皮，對托善的提問一概沉默以對，希望以此讓他知難而退。

不料，托善以為住持故意考驗他，便以雙手在胸前比一個小小的圓。六兵衛看了，情急之下用雙手高舉過頭，比出一個大圓，讓托善大吃一驚。（這時，台下傳來觀眾的笑聲。）

接著，托善伸出十根手指，六兵衛卻用力地比出五根手指，托善顯得更慌了。（台下再度傳來笑聲。）最後，托善向六兵衛伸出三根手指，六兵衛看了，卻把食指放在眼皮下，做了一個鬼臉。托善一看，嚇得趕緊逃跑。（台下笑聲大作。）

六兵衛的僕人追上前去，想要知道到底發生了什麼事。托善心有餘悸地說：「和尚果然是高人啊！問他：『心中有何物？』答說：『容納海川。』問他：『十方世界裡該如何修行？』答說：『守好五戒。』問他：『三尊彌陀何在？』答說：『就在眼前！』」（觀眾點點頭，有的還發出一聲：「喔！」）

落語之起源

以上是一場「落語」的表演橋段，題為《蒟蒻問答》。

落語是日本的一種傳統表演藝術，起源於江戶時代，距今已有四百年歷史。落語的演出，由一名身穿和服的落語家，跪坐於「高座」上，一個人同時扮演多種角色，演繹以平民生活為題材的趣事及笑話。當中有許多作品

更以諷刺社會不良現象為主題，深得普羅大眾的喜愛。

通常，落語表演的「高座」上沒有任何布置，落語家僅能以一把小扇及一條手帕做為表演道具。例如，以小扇子做為筷子，手帕做為書本等，以最簡單俐落的方式，帶給觀眾最傳神的演出。當然，觀眾得運用自己的想像力，且對故事的背景有一定程度的認識，方能樂在其中。而表演者的實力，就在各種角色的表情及聲線模仿中見真章。

此外，一段落語的橋段會在結束前達到高潮。這時，落語家會以一句精彩的話點出故事裡最精華之處，引人捧腹，大有畫龍點睛之效果。而此手段被稱為「抖包袱」，據說，這就是「落語」名稱之由來。

有學者認為，落語的鼻祖，是京都誓願寺的僧人——安樂庵策傳（一五五四～一六四二年）。根據記載，策傳非常擅長說笑話，並用各種滑稽的故事，向當時的政商界名人講述佛法。他於一六二三年編寫的《醒睡笑》，收集了從小聽來的各種民間故事，共一千零三十九則。當中，有許多故事題材，如《夸

表演落語的場所稱 「寄席」，落語家的表演舞台則稱「高座」。（釋有晉攝）

孩兒》、《夸牛》、《唐茄子屋政談》等，對後來日本文學的發展有深遠影響。

其實，「醒睡笑」的意思，即「趕跑睡意的笑話」。不難想像，策傳編撰這本書的目的，是為了讓僧侶們在弘法時，能夠運用生動有趣的笑話，使前來聽法的信眾不至於半途睡著，也更容易明白佛陀的教義。

佛教元素

落語世界裡，處處可見佛教文化的影響。譬如，落語家用於表演的「高座」，即來自佛教用語，意指法師說法時的敷座。再者，落語家身著和服、手持扇子、正襟危坐的表演模式，也可以說是受到當時僧侶說法的形象影響。至於表演的另一道具手帕，在落語界裡則被稱為「曼荼羅」，此亦是佛教用語，泛指周遍十法界，而對密宗來說，更是修法的壇場。

落語表演最為人津津樂道的，是落語的橋段裡有許多跟佛教教義相關的故事。如上述之《蒟蒻問答》，是傳統落語界裡有名的故事之一。其內容不但帶出了佛教教義之核心議題，如心法、十方法界及佛之境界等，更對禪宗「不立文字、直指人心、見性成佛」之宗旨做了具體描述，且以詼諧的手法生動地呈現出臨濟宗公案有趣、活潑的一面。

此外，落語裡的佛教故事背景，亦可依據日本佛教之宗派來分門別類。當中，跟淨土佛教體系相關之故事，如《小言念佛》、《壽限無》、《宗論》等；跟禪宗相關者，如《蒟蒻問答》、《茄子娘》等；跟法華宗相關者，如《法華長屋》、《刀屋》等；跟真言宗相關者，如《大師之馬》、《開悟之住持》等，不勝枚舉。

《宗論》講述一位淨土真宗寺院住持的父親，與受西洋文化影響而轉信基督教的兒子之間的辯論。這跨宗教的對談，反映出江戶時代，日本社會面對西洋文化衝擊下之反應。雖然內容誇張搞笑，卻能讓人省思東、西方文化在日本融合的過程。

其實，以佛教為題材的落語故事，多少帶有僧侶自嘲或反諷佛教現象的成分。但也正因為如此，反而讓佛教在庶民之間，建立起入世及親民的形象，讓佛法之弘化能更深入社會基層，與大眾文化相互交融，形成現代日本佛教的特色。

落語之內涵

回到《蒟蒻問答》，當僕人聽完托善的解釋後，回到寺院，只見六兵衛氣呼呼地說：「那永平寺來的僧人，一定是個冒牌貨！」僕人聽得莫名其妙，六兵衛接著說：「那傢伙，竟然敢說我店裡賣的蒟蒻只有這麼小（說時用手掌比一個圓形）。這叫我如何能再沉默下去？我當然得告訴他，我們家的蒟蒻有這麼大（用雙手臂比一個大圓）。」六兵衛氣仍未消，說：「他還問我十個蒟蒻賣多少錢，我說五百文。他竟然說只給三百。你說，這氣不氣人！我當然不賣，給他一個鬼臉，他果然知難而退了，嘿嘿！」（台下轟然大笑。）

以上這一段，是《蒟蒻問答》的結尾，也是「抖包袱」的橋段，即故事的精華所在。這故事經過代代相傳，已經衍生出好幾個版本，即使到了今天，依然是落語界常見的表演之一，許多著名落語家都曾演繹過。

藝名為「かんた」（Kanta）的現代落語表演家。（釋有晵攝）

近現代的落語，已經發展成國際知名的日本藝能表演，且許多表演者都是專業藝人，只有極少數佛教僧侶參與其中。不但如此，落語的內容也隨著時代的演變而趨向多樣化與世俗化，成為一種純粹的餘興節目。這與安樂庵策傳當初以落語做為弘法手段之出發點，大不相同。因此，像在一些江戶時代早期的日本寺院裡，說法師於「高座」上，手握一把扇子，用落語向信眾開示佛法的場面，已不復見。

即便如此，做為日本傳統藝能代表之落語，其與日本佛教脈脈相通之關聯，是無法被忽視的。因為，若要學會欣賞傳統落語的內涵，則非有某種程度的佛學修養不可。

落語流派

到了近代，落語更發展出「江戶落語」與「上方落語」兩大流派，無論在「抖包袱」的橋段、故事的編排，以及表演道具等方面皆有差異。

在道具方面，除了最基本的一把小扇及一條手帕以外，「上方落語」通常還會使用三種特別的道具：見台、膝隱及醒木。「見台」是一張折疊式小桌，放在表演者的身前，用來擺放各種表演道具；「膝隱」是一張跟見台齊高的小屏風，放在見台的前面，用來遮蔽表演者的膝蓋；「醒木」也被稱為「小拍子」，是一長方形的木塊，讓表演者在講到精彩之處時，用來拍打桌面以加強效果。此外，在一些場合，還會有三味線（一種傳統弦樂器）的伴奏，讓觀眾更容易融入故事所營造的各種詭異，或超乎想像的氛圍中，加強故事的戲劇性。

通常，落語兩大流派所演出的故事，即使名稱相同，其人名、地名，或「抖包袱」的橋段也會有所不同。譬如，古典落語之名劇《死神》，講述一個人無意中學會了如何讓死神從即將死亡的人身邊離開，而讓人活命的方法，因此獲得了大筆財富。後來，死神警告他，多次以這種方式來「換取」生命，已經讓他生命裡的燭火息滅了。出於悲憫，死神答應幫他重新點燃燭火，保住性命，但是，就在蠟燭快要被點燃之際……。

我看過許多《死神》的不同版本。在其中一個版本裡，主人公是一名吝嗇的商人。做為故事的結局，這名商人由於貪取地上的一文錢，不小心把那唯一能延續其生命的蠟燭給弄掉了。而在另一個版本裡，身為書生的主人公，則在最後關頭，由於不小心打了一個噴嚏，而把其燭火吹滅了。然而，京都落語學會「笑笑亭」的落語家告訴我說，在「江戶落語」的一個演繹版本裡，主人公非但救了自己，亦跟死神成為好朋友。

目前，「江戶落語」流行於東京，而「上方落語」則以關西地帶（即大阪、京都等地）做為主要根據地。兩大流派的演繹方式各有所長，且帶有濃厚的區域性特色。

「上方落語家」使用的特別道具：見台、膝隱及醒木。（釋有晵攝）

有三味線伴奏之落語演出，別有一番風味。（釋有晵攝）

《壽限無》

當我剛到京都大學留學時，為了讓自己習慣「京都腔」日語，加入了校外的笑笑亭落語學會。學會裡的成員很多元，即有專業的落語表演家，也有普通上班族及退休人士。他們很熱心於落語的學習，不僅每週一次的數小時密集練習、互相觀摩，且每個月還會有一次對外的演出。對我這個日語還聽不懂三成的留學生來說，是非常好的語言訓練。

之後，在一場演出裡，我演繹的故事題目為《壽限無》。這是古典落語的代表劇目之一，經常被改編成國家電視台兒童教育節目的故事。劇情描述一對父母，請寺院裡的法師為其剛出生的孩子取一個吉祥的名字。法師提出好多個佛教吉祥用語以供選擇，沒想到這對父母竟然把全部吉祥語都放到名字裡，使其成為日本最長名字的人。由於每一次喊這孩子的名字時都很耗時耗力，因此鬧出許多生活裡的笑話。

這一長串念起來像繞口令的名字「寿限無寿限無五劫の擦り切れ海砂利水魚の水行末雲来末風来末食う寝る処に住む処やぶら小路の藪柑子パイポパイポパイポのシューリンガンシューリンガンのグーリンダイグーリンダイのポンポコピーのポンポコナーの長久命の長助」，內容出自《無量壽經》及民間傳統故事，

作者登台演繹古典落語的代表劇目《壽限無》。（釋有晉提供）

在日本可謂無人不曉。

當中，「壽限無」即「無量壽」的意思，也是阿彌陀佛之別名；「五劫」在佛教裡是一個很長的歲月，意為孩子的壽命長長久久（根據《俱舍論記》，一大劫相當於二百六十八億年）；「海砂利水魚」代表好運如沙礫和魚的數量，似有佛教裡「恆河沙數」之意涵；「水行末、雲来末、風来末」代表幸福遍及十方世界；「長久命の長助」表示長壽及受保佑之意。

話說，我耗了約兩週的時間來背誦這名字，表演當天，在兩百多位觀眾面前，我強作鎮定地把這故事演完以後，得到不少掌聲。其實，我心裡雪亮，論演技我是完全沒有的，而那些掌聲，只是觀眾們出於對一個外國人很努力地把他們耳熟能詳的名字背出來這件事感動而已。

佛教普及與傳統文化

落語，除了流派之分，其劇目亦分為「古典落語」與「新創落語」。「古典落語」指明治時代（一八六八～一九一二年）以前的落語故事，通常由師徒世世代代相傳。「新創落語」則指創作於大正時代（一九一二～一九二五年）以後的作品，通常屬於創作者本人之代表作，具有高度獨創性，亦能反映當代社會的各種現象，頗受大眾喜愛。近年，「新創落語」的流行更帶動了「英語落語」之展開，加上漫畫、日劇等的推波助瀾，讓落語不僅在國內受到青睞，更逐漸走上國際舞台，吸引不少年輕族群的加入。

最近，有一位備受矚目之年輕落語家，經過三年的苦學而取得出演資格以後，到京都比叡山天台宗出家，開始創作跟佛教教義相關之落語故事。這位藝名為「露の団姫」的僧侶兼落語家，每年奔走於全國各地舉辦大型演出之餘，還出版佛教書籍及上電視節目，宛然是新一代佛教僧侶之代言人。

佛教在日本之弘化，起初僅流傳於帝皇貴族，或文人雅士之間，是一種修身養性之哲學。之後，佛法能在庶民之間普及發展，與傳統文化之結合有密切關係。譬如，平安時代的空也上人，走入民間大力提倡念佛法門，感化許多人皈依佛教。他穿梭於大街小巷，一邊敲鑼打鼓詠唱「南無阿彌陀佛」，還一邊跳舞。後來，這種念佛方式被稱為「踊念佛」，空也上人也因此被稱為「阿彌陀聖」、「市聖」或「市上人」。

此外，於室町時代（一三三六～一五七三年）形成的舞台表演「能劇」，亦是從佛教及神道的宗教儀式裡發展開來的藝術。當初，能劇的演員大多是佛教僧侶，其目的是在庶民間倡導佛法，引導不識字的民眾學佛。後

室町時代形成的舞台表演「能劇」，亦是從佛教及神道的宗教儀式裡發展出來的藝術。（達志影像提供）

來，還發展出「說經節」，即以唱誦或講讀的方式，配合動聽的韻律，親切地向民眾開示佛教之經典與文學創作。這種跟演講藝術相關的技能，還包括了「講談」（類似落語，但主要是讀誦及講解經典內容），以及「浪曲」（以三味線伴奏，來說唱經典以及民間的故事），其源頭皆可回溯至傳統佛教的弘法方式。

由此可見，日本佛教的發展，與各種民間藝術表演相結合，走向了通俗化。

落語，當初做為僧侶弘法之藝術，經過幾個世紀之演變，已經脫離佛教的範疇，形成獨樹一幟的日本傳統文化。即便如此，滲透於落語世界裡的佛教元素，依然是落語文化之支柱、內涵之精髓，早已深深植入日本社會文化之各層各面。

從這角度來看，這又何嘗不是日本獨有的佛教普及現象呢！

做回自己最快樂

人生快門 03

乙野邀請我出演一場落語，盛情難卻，又適逢寒假，就爽快地答應了。沒想到，出演前幾天，乙野突然對我說，出席者大多是年長者且不懂英語，希望我能將全部內容改為日語，而且用關西腔。

什麼！十分鐘的講稿，要將英語改成日語，只有幾天就要全部背起來？這是不可能的事！但觀眾聽不懂又能如何？於是，只能硬著頭皮，沒日沒夜地練習起來。

出演前一小時，我異常緊張。對於關西腔的運用向來沒什麼信心，突然間就要用來表演相聲，天哪，我真是瘋了！真後悔當初答應了下來。

現場演練一遍以後，發現我真的沒辦法說得很自然，況且，愈緊張，愈忘詞。此時，甚至開始生起放棄的念頭。

最後一刻，實在沒辦法了，乙野也知道我很為難，笑笑說：「沒關係，若日語困難的部分想不起來，用英語也可以。最重要是做回最真實的自己，享受演出的過程。」

好一句「做回最真實的自己」！當下如釋重負，整個人輕鬆了起來！接下來的時間，我不再有任何罣礙，除了開開心心地融入、信心滿滿地演出，還能興致勃勃地欣賞其他六位來自京都不同大學落語學會代表者的演出，真正享受了整個過程。

能做最自然、最真實的自己，原來是這麼快樂的一件事。

找到自己，努力做回自己；發自真心，才能打動人心。

CHAPTER 2

04

真・行・草

在一片漆黑的廣場中，隱約可見人頭攢動，全場卻鴉雀無聲。舞台上打著光彩耀目的燈光，兩層樓高的電子螢幕閃爍著，如夜空裡的星光。這時，一名身著架裟的年輕法師站上舞台，端莊地合起雙掌，悠悠地揚聲唱道：「摩訶般若波羅蜜多心經。」緊接著，電子樂器聲輕輕響起，配合著法師平穩的誦經節奏，開始了一場別開生面的電子音樂演唱會。台下幾千名觀眾，沒有人隨著歌聲舞動雙手，也沒有人興奮地呼喊；大家全神貫注，靜靜地聆聽，沉浸於悅耳動聽的誦經音樂裡。這場景，很難讓人相信是在一場電子音樂演唱會的現場；而演唱者，正是日本有名的僧侶音樂創作人。

現任日本臨濟宗妙心寺派海禪寺副住持的藥師寺寬邦，從小熱愛音樂，少年時代就開始組織樂團並發行專輯。他以一首極具民謠風的電子混音版〈般若心經〉於網路上迅速竄紅，還舉辦了亞洲巡迴演唱會。

有佛友在網路上看了演唱會片段後問我：「出家人開電子吉他演唱會，好像不是很妥當，不知法師有什麼看法？」

在討論這問題之前，我想談談一個特殊的日本文化。首先，我們得從中國書法的發展史說起。

中國書法：對等關係不分高下

從甲骨文發明以來，中國書法的書體經歷了由篆書到隸書、草書、楷書、行書的發展階段。篆書（小篆）的字體講求對稱之美，字形呈長方形，外觀圓滑均勻。後來，為了書寫上的快捷，小篆圓滑的筆畫漸漸被寫成平正，產生了隸書，且成為書法的主流。

相傳到了後漢時期，書法家擺脫了隸書章法上字字獨立的特性，開始把上下字之間的筆勢牽連相通，因而產生了草書。同時，另有書法家把隸書改得更為端正，形成了楷書，亦稱為「真書」。行書，則介於草書與楷書之間，書體比工整的楷書自由，同時比率性的草書收斂。到此時，中國書法的雛形可以說已經發展成熟，接下來則進入各朝各代書法名家百花齊放的時代。

如上所述，中國書法字體的傳統，大可以「真、行、草」三類來概括之。必須注意的是，「真、行、草」三類書法各有特色及功能，彼此是對等的關係，並無先後高下之別。

有趣的是，當書法傳統傳入日本以後，這種對等關係演變成一種有先後次序的縱向關係，即：「真」是忠實於基礎字形的書體，是學習書法的入門基礎；「行」是慢慢偏離基礎而開始形成的獨特形式；「草」則是完全獨創一格的個人風格。這種觀念滲透了日本藝術及美術文化的各個層面，不但形成審美標準，且成為學習技藝的順序。首先，徹底模仿古人的入門學習方式，稱為「真」；接著，在古人建立的基礎上加入變化，稱為「行」；最後，打破原有格局，創造自身特殊風格，稱為「草」。

日本茶道：運用於行禮的規範

在日本茶道裡，「真、行、草」的概念不但貫徹於整個學習過程，更是欣賞茶道藝術不可或缺的審美知識。從茶道具的分類到一場茶會的嚴謹度，從茶室的布置到賓主互動之間的行禮方式，無一不根據不同身分與場合而以「真、行、草」來分別。譬如，在進行「真」的跪坐行禮時，賓主雙方會將雙手指尖相對，背脊打直，上身前傾四十五度，手掌完全貼在榻榻米上；「行」的行禮，則上身前傾約三十度，雙手由指尖至第二指節處貼於榻榻米上；至於「草」的行禮，上身僅前傾約十五度，雙手指尖輕點榻榻米上即可。

基本上，「草」的行禮通常用於賓主閒聊之時；「行」的行禮用於賓客在品嘗抹茶之前互相致意之時；「真」的行禮則是在茶

在一場茶會裡，「點茶」的動作會根據「真、行、草」的不同場合，而有所變化。（釋有暋提供）

會開始或結束之時。可見，三種行禮各有特殊意義，無有優劣。在極度重視禮儀的日本茶道裡，懂得何時該行何禮，成為打造「和敬清寂」氛圍的基石。

日本花道：插花方式的變化

現代的日本花道，大致可分為「立花」、「生花」、「盛花」及「自由花」等類別，雖然花型的呈現方式大相徑庭，但基本上仍然可以「真、行、草」來涵蓋之。「真」，是指以垂直線條為主的插花基本造型；「行」，是以橫向為主軸，是把「真」的造型拆解以後，以橫向的方式重新構築的造型；「草」，則不講求任何造型，只要求和諧統一、返璞歸真的意境呈現。

在我學習日本花道的過程裡，首先接觸的是「真」的插花方式。每次上課前，老師都會給我們講解插花的理論及基礎，讓我們按照圖樣，循序漸進地把各種規矩牢牢打入阿賴耶識裡。接著，老師才讓我們學習規矩比較鬆的「行」的插花方式。有一天，老師突然要求我們忘記過去所學，以最自由的方式來插花。這時，看著眼前雜亂的花材，雖然不特意去思考，但心裡許多靈光乍現的時刻，引導著我的「隨心所欲」。

學習的過程，就像流水經年累

月在廣闊土地上刻出一條河床一樣，使得後來的水流即使波濤洶湧，亦能依循著現有的鑿痕，延伸出新的支流。同樣地，三種花型的學習雖有先後之別，到最後卻也因時因地而各有所用，且互相交融，沒有高低之分。重點是，知道何時該用哪種花型，方

第一次以「真」的造型來進行「立花」的插法。（釋有晵提供）

能善用其便，領悟萬變不離其宗之道理。

音樂舞蹈：讓觀者生起恭敬心

現在，讓我們回到出家人應不應該參與音樂或舞蹈表演的問題。其實，我非常讚成以這種方式來接引大眾學佛。舉例來說，美國萬佛聖城的恆實法師，由於出家以前是民謠吉他歌手，當他受邀到世界各地弘法時，常披著袈裟，非常莊重地以一把吉他彈唱自創之佛曲，讓來自不同宗教背景之大眾，在悠揚悅耳的歌聲中感受到佛陀濟世為懷之意。同樣的情境，亦在藥師寺寬邦的電子音樂演唱會裡得到充分體驗。

可是，前一陣子在社群媒體上，流傳著一部引發爭議的影片。一群身著袈裟的法師，在莊嚴的佛殿前跳著有如芭蕾舞般的韻律舞蹈。這些法師們顯然受過訓練，腳步輕盈，姿勢活潑，還時不時揚起身上的袈裟，讓人聯想到舞蹈彩帶的表演。有人看了影片以後認為：「現代法師迎向潮流，勇於做出創新之舉，值得讚歎。」另一方面，鞭撻之聲亦有之：「穿著袈裟跳舞，看起來很滑稽。」

我們該如何看待這種現象？也許，可做如此思考：「法師們披著袈裟，在大殿裡跳著類似芭蕾舞的表演，可否讓人感受到

恆實法師除了以音樂弘法，在弘法講課時，還會以布偶做為工具。（釋有晉攝）

法師以莊重、莊嚴的方式在弘揚佛法？」就我的理解，以佛教而言，佛像、經典、袈裟，是佛、法、僧之代表，是最「真」之物。反之，音樂、舞蹈則屬於「行」或「草」之範疇，未必適合所有宗教場合。若要結合，則必須以尊敬信仰為前提，以維護形象為原則。換言之，法師若要參與舞蹈表演，則應該換上適合的服裝，在舞台上莊重地演出。

恆實法師與藥師寺寬邦以莊嚴的行儀、精湛的技藝，恭恭敬敬地唱誦佛曲，所展現的即是「真、行、草」的完美結合。他們的演出，不但可以讓人們生起對佛教的敬仰之意，更能攝心。反之，影片裡跳類似芭蕾舞的法師，有如把袈裟當彩帶，似乎貶低了袈裟做為僧人「真」的形象，必定招來非議。

或許，我們可以透過「真、行、草」做為各種行為的衡量方式。尤其對於宗教師而言，必須清楚分辨宗教裡「真、行、草」所代表之意涵，方能不失卻對信仰的尊敬。尤其在佛教，各種方便法門的提倡，僅是為了引導信眾的權宜之計，因此，法師在弘法時必須以智慧力來判斷，如何在世間法與出世間法之間取得平衡，方為上策。唯有這樣，大眾看了才不會覺得哪裡怪怪的，甚至心裡產生排斥，導致法師的努力與弘法利生之初心背道而馳。

人生快門 04

交心

沒有華麗的動作，沒有名家的茶碗，沒有京都的名菓子。

我曾經跟慈賴法師開玩笑說：「這是我參加過最樸素的日本茶道會了。」

他輕輕地從電子壺倒出熱水，慢慢地溫杯，細細地撒下碧綠的粉末，專注於有規律地攪拌。最後會以獨特的角度提起茶勺，深恐驚擾了那一層均勻的抹茶泡沫。

像藝術家一樣，他會露出滿意的微笑，把茶端到我們面前。

而接過這碗茶，心裡總會生起無比的敬意，及湧上心頭的感動。那不只是一碗綠色的茶湯，而是與禪師心念的交流。

一場最樸素、最真實的，心與心的交流。

CHAPTER 2

05

新年祝福在日本

「非常感謝您過去一年無微不至的照顧。您的親切及包容，讓我實在感激不盡。」

晴子跪坐在客廳的榻榻米上，上半身匍匐在地，雙手緊緊併攏，緊張兮兮地對婆婆說著那些背了一整晚的台詞。

那年，晴子才二十歲，剛從大阪嫁到京都來，人生地不熟，第一次給婆婆拜年。

「祝您幸福、快樂……嗯，還有，過精彩的一年。今年也懇請您多多關照！」

一口氣講完祝福語，晴子大大吸了一口氣，偷看婆婆的反應。沒想到，婆婆聽了以後顯得有點不高興：「怎麼沒有祝我健康、長壽？」

祝福

晴子是我二〇一六年剛到日本時，第一個認識的當地歐巴桑。她非常健談，與我分享了許多年輕時的故事，以及讓我深感興趣的日本傳統文化。

印象中，日本人是一個極度重視「和睦」的民族，他們的血液裡浸透著孔孟思想的倫理觀，從親友、師生，乃至君臣的關係，都必須保持和諧。因此，為了應對各種複雜的人際關係，日本文化產生了許多繁文縟節，而這些禮儀在新年期間更被發揮得淋漓盡致。

日籍仲宗根教授是我在美國加州柏克萊大學當交換生時，所認識的一位淨土真宗法師兼書法家。每逢新年，他都會寄賀卡給我。卡片裡會附上一封長長的信，總結他一家人過去一年經歷的事情，還有一幅他親手寫的祝福語，以及一張全家人的合照。十年來，從無中斷。

對日本人來說，每年寄送賀卡似乎是非常重要的禮儀。朋友曾經告訴我，她每年都會寄出兩百張以上的賀卡！不但如此，她的賀卡還是在郵局訂製的，卡片上印有自己的照片和祝福語，誠意十足。

此外，我的日文老師每年也會給在世界各地六十幾位學生寄賀卡。她會以當年的生肖動物為主題，畫出帶有反諷社會風氣的漫畫，充分展現出個人風格。當收到老師親手繪製的賀卡時，我心裡總會非常感動。

初詣

除了人與人之間的關係，新年也是日本人與佛菩薩、神明「結緣」的重要日子。

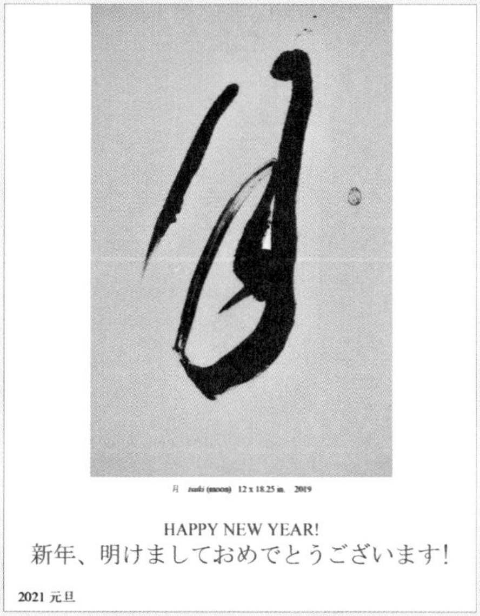

月 tsuki (moon) 12 x 18.25 in. 2019
HAPPY NEW YEAR!
新年、明けましておめでとうございます!
2021 元旦

作者每年都會收到仲宗根教授的新春祝賀語，圖為仲宗根教授親手寫下「月」字祝福法師。（釋有暋提供）

公曆十二月三十一日是日本的「除夜」，很多人會在這一天「守歲」，這跟中華文化的春節很相似。「除夜」的晚上，很多日本人會到佛教寺院參與敲鐘儀式；這是日本佛教的儀式，通常會在子夜零時敲完一〇八次鐘聲，象徵破除一〇八種煩惱。接著，許多寺院還會舉辦通宵達旦的誦經祈福儀式，為民眾提供一個「守歲」的選擇。

聽了寺院的敲鐘後，日本人通常會到神社或寺院進行稱為「初詣」的參拜。在日本文化裡，神社是神明居住之地，而這神聖與俗世間的區隔，由神社前的紅色「鳥居」來劃分。因此，在進入神社以前，人們必須於入口處

寺院或神社的入口處都可以看到讓人淨化身心的「手水舍」設施。（釋有暋提供）

的「手水舍」洗手及漱口，以示身心皆受到淨化。當然，「手水舍」的傳統也被佛教寺院採用，成為日本宗教場所的特色。

在寺院或神社的正殿前參拜、祈福，是「初詣」裡最重要的一個環節。首先，大家會往「賽錢箱」或「淨財箱」投錢，然後以「拜拜拍拍拜」的口訣來參拜，即鞠躬兩次、擊掌兩聲、再鞠躬一次，向神明或佛菩薩說出新年願望。必須注意的是，在寺院參拜時則不需要擊掌。

如果說參拜是為了與神明或佛菩薩結好緣，那接下來求取「御守」、「繪馬」及「破魔矢」則是為了得到神明的祝福了。「御守」是一種護身符，以棉布將印有咒語或神明像的紙版或木牌包覆著，據說具有各種護佑功能；「繪馬」是一片五角形的小木板，讓人們寫上新年願望；「破魔矢」則是用竹子削成的箭，外頭捲上和紙製作而成，用以消災解難。

除此以外，民眾還會求「御神籤」，讓神明來為自己占卜運程。其實，向神明求籤是民間習俗，帶有迷信成分，然而，佛教在這方面卻做了非常有智慧的轉型。譬如，在新北市金山法鼓山園區的祈願觀音殿內，「心靈處方籤」提供了一〇八種摘錄自聖嚴法師著作的法語，讓民眾求取。可以想像，當大家讀取法語的當下，彷彿得到佛菩薩的回應與加持，有助內心產生共鳴並轉念。目前，「心靈處方籤」的請籤方式已架設在網路上，已有超過一千三百多萬人次請籤，廣受歡迎。

達摩

如果到過日本人家裡做客，會注意到客廳裡常放有紅色的圓形不倒翁。這是日本吉祥物之一，稱為「Daruma」（達摩），源自中國禪宗達摩祖師的畫像。禪宗約莫在鎌倉時代（一一九二～一三三三年）傳入日本，並廣為普及。到了江戶時代，民間出現了以達摩像為造型的不倒翁玩偶，被做為吉祥物；後來，「Daruma」也順理成章成了不倒翁的代名詞。

對商家來說，「Daruma」可以使生意興隆；對農民來說，則能使五穀豐收。而隨著日本旅遊業的發展，「Daruma」文化更發展出各種新面貌，譬如，有商家把「Daruma」的眉毛畫成鶴的形狀，代表吉祥；鬍鬚則畫成烏龜的模樣，以表長壽。更有商家把「Daruma」加入了風水的概念，製作出不同顏色的不倒翁，分別代表著不同的涵義，不但日本人喜愛，外國遊客更是趨之若鶩，大量採購。

然而，對個人來說，「Daruma」則代表不屈不撓的精神，就像日文詞彙「七轉八起」，意思是要

祈願用的「達摩」不倒翁。（釋有睯攝）

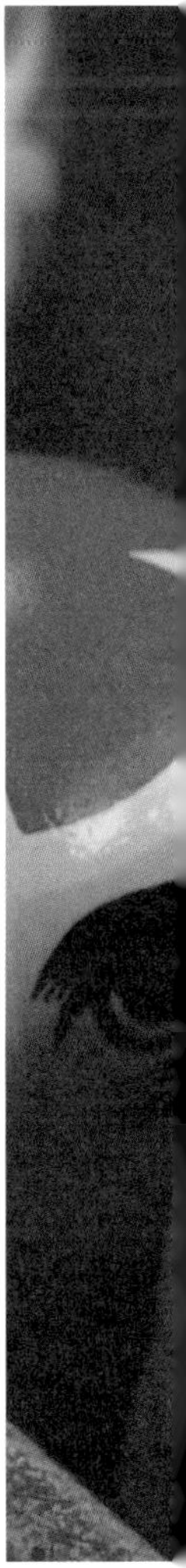

人們學習不倒翁永不放棄的精神。因此，新的「Daruma」都沒有畫上眼睛，這是為了讓人們在許下願望時畫上一隻眼，當願望達成以後，再畫上另一隻眼。

由此可見，當佛教普及於民間以後，有些佛菩薩與祖師大德漸漸融入日本人生活的各個層面，跟大眾產生密切的連結。這連結通常是很個人的，且充滿感性訴求，猶如自己的守護者一樣，陪伴人們度過生活裡的種種難關。

令和

日本的新年文化裡，處處可以看見以「關係和諧」為主軸的思維。好比日本人寄送賀卡，是為了維持親友之間友好的關係；元旦到寺院或神社參拜，是為了跟神明或佛菩薩結好緣；而有趣的「Daruma」文化，則凸顯與自身夢想的長遠關係。

日本內閣政府於二〇一九年公布德仁天皇即位之後的新年號「令和」，意指「在初春這個美好的月份，氣息溫和怡人」。從官方的解釋來看，這代表著對日本新世代的期許；若從字面來看，「令」與「和」的涵義即「美好溫和」，讓人聯想到「關係和諧」的意涵。因此，英文媒體《衛報》（*The Guardian*）將之譯作「Fortunate Harmony」，即「幸福的和諧」，並非沒有道理。

近年，由於世界疫情的蔓延，人們在措手不及之際，被迫全盤接納日新月異的網路科技，更加速了「元宇宙」的發展趨勢。與此同時，人們卻也漸漸發現人與人之間的關係變得更疏遠、更難以捉摸，很多人開始緬懷過去的美好時光，且對新科技生起莫名的恐懼。

至於該如何面對由於種種不確定而造成的焦慮，我們可以從佛教的無常觀得到一些啟示。從這角度來看，萬事萬物皆在不斷變化中，而接受變化即能明白無常的道理，亦能讓我們安下心來，應對挑戰。就如遠在美國的仲宗根教授，已經改由電郵送出賀卡、書信、照片，以及親筆揮毫的新年祝福語。已經當了婆婆的晴子，雖然還是希望家裡的年輕人在新年期間遵照傳統禮儀，進行對長輩的祝福，但是，她總是和顏悅色，帶著體諒與探索的態度，給下一代傳遞意義深遠的傳統文化。

時代在改變，網際網路與社群媒體已經成為人們日常生活裡最重要的溝通橋樑。但是，這並非意味，人與人之間的關係，一定會變得愈來愈脆弱。只要善於運用，人們祈求關係和睦的願望，仍然可以透過與時代並進的表達方式來達成。

新年快樂

「新年快樂」在日語有兩種說法：

一月一號以前要說：よいお年を（yoi otoshi o），意思是：「祝你過個好年！」一月一號見面第一句話要說：あけましておめでとうございます（akemashite omedetto gozaimasu），意思是：「新年到了，恭喜！」

讓人聯想到中國民間「年獸」的傳說。

年獸這個怪物，會在除夕出來害人，因此，能夠平安度過那一夜是值得恭喜的事。日語是不是保留了這傳說的意涵呢？

「恭喜」不應該只是「發財」，而是更重要的祝福：

希望你平安、喜樂、吉祥。

CHAPTER 2
06

日文佛教用語演變

剛到京都大學求學時，在日語課裡認識好幾位來自歐美的留學生。他們對發音的敏感度，使他們很快能掌握日語的日常會話。那時才上沒幾堂課，他們已經可以舉手發表意見，實在讓我無比羨慕。

可是，到了閱讀及書寫課時，歐美留學生反而覺得痛苦萬分。原來，對沒學過中文的他們來說，要認出日文裡的漢字，實在困難重重，因此，很多人索性放棄學習漢字，單單依賴讀音來理解日文了。可是，對我來說，相對於聽與說，閱讀與書寫日文文章可是輕鬆多了。

佛教用語的日常轉變

日文有三種文字：漢字、平假名（表音文字）以及片假名（音譯外來語），在現代日文裡，以上三種文字是同時被運用的。到過日本旅遊的人都有這經驗：即使不懂日文，只要看一下招牌上的漢字，意思也能猜中六、七成。因此，我總覺得，仗著懂中文的優勢，學習日文的門檻比不懂中文的人來得低。

即便如此，我學習日文的過程還是遇到不少挫折。日文雖然使用大量漢字，但是，很多漢字詞彙的意思已不再是中文原來的意思了。從日文的發展史來看，漢譯經典自唐朝陸續傳入日本，對日文詞彙的開展產生重大影響，尤其當許多佛教專用術語逐漸成為日常用語以後，意義更產生了變化。

譬如，我有一次無意間聽到日本同學說我的「我慢」很強，著實傷心了一陣子。後來經過查證，才明白原來日語「我慢」的日常用法是「耐心」，而非佛教所指「傲慢」的意思。同樣一個詞彙，意思竟然可以完全顛倒！

在日語裡，普及生活的佛教用語俯拾皆是。譬如，大家見面時互相問候或寒暄的行為，稱為「挨拶」。此外，「挨拶」也指受人恩惠之後回禮之意，甚至可指告別時的難捨之言。

其實，「挨拶」是禪林用語，意指修行人之間透過問答的方式，來勘察對方於悟道知見的深淺。如《碧巖錄》言：「玉將火試，金將石試，劍將毛試，水將杖試。至於衲僧門下，一言一句，一機一境，一出一入，一挨一拶，要見深淺，要見向背，且道將什麼？」後來，根據《碧巖錄種電鈔》的註解：「輕觸曰挨，強觸曰拶，即以輕重之語言及動作互相試驗之意。」可見，在古代禪林裡，「挨拶」多少帶有互相較量的意思，跟現代日語語境裡「問候」之意，其心情可是千差萬別了。

佛教經典的衍生語彙

此外，日語也從佛教經典裡引用了一些中文語境裡沒有的詞彙，例如「油斷」。我曾在日文文章裡讀到成語「油斷大敵」，意思是：「怠慢是失敗之因，應將之視同大敵。」日劇裡也經常可以看到這樣的場面：老師在教導學生手藝時，總會說「不要油斷」，意思就是「不可疏忽」。

其實，日語裡「油斷」一詞的起源，可能與《雜阿含經》中佛陀「托油鉢」的開示有關，大意是：有一人被令持盛滿油之鉢，走過途中有美女色誘、拔刀者威嚇的道路，只要灑出一滴油將被斷頭處死。出於懼怕，這人「唯一其心，繫念油鉢，於世間美色及大眾中徐步而過，不敢顧眄」，終於成功通過了難關。後來，從這故事衍生出「油斷」一詞，成為日常用語。

這「只要灑出一滴油就會斷命」的啟示，在禪宗的修行裡常被用來提醒大家正念的重要性。

在法鼓山有「托水缽」活動，讓參與者帶著放鬆、專注的心情，雙手捧著裝滿清水的缽，歡喜自在地進行戶外經行。據說，這活動的起源就是《雜阿含經》中「托油缽」的開示。

據說禪修「托水缽」體驗，出自《雜阿含經》中「托油缽」的典故。（法鼓文化資料照片）

佛教用語的原意翻轉

如上所述，佛教用語如「我慢」，在普及於日常生活以後，往往會演變成出人意表的結果。譬如，漢譯詞彙「檀那」，源自梵語dāna，意譯為布施，是大乘「六波羅蜜」的第一波羅蜜。在中國佛教，「檀那」被用來表示施主，或佛教寺院的護持者。

但是，到了日本，「檀那」的運用變得多樣化，尤其當日本幕府在全國實施「檀家制度」以後，一般庶民所隸屬的寺院被稱為「檀那寺」，信徒們則被稱為「檀家」。而「檀家」當中最有影響力的一戶，則被譽為「檀頭」。到了現代，這種稱呼依然被保留。好比我每週日去禪修的臨濟宗福成寺，跟附近的「檀家」依然保持著延續了長達好幾世代的密切關係。幾年前，當現任住持法師陸任為方丈和尚時，「檀頭」召集了所有「檀家」，不但合資布施寺院法會之所有開銷，更供養新任方丈一套非常精緻的袈裟。

不但如此，當「檀那」一詞流入民間，又衍生出更有趣的語義了。有一次，我到日本朋友家拜訪，朋友的母親，在跟我首次見面「挨拶」時說：「『檀那』臨時有事外出，非常抱歉。」我聽了丈八金剛摸不著頭腦，朋友趕緊解釋說：「啊，那是指我爸。」後來，我參加日本傳統「落語」（單口相聲）的演出時，發現劇本裡很常出現「檀那」一詞，有時用來表示丈夫，有時用來表示老闆，有時甚至帶有戲謔成分「大老爺」的涵義，實在有趣。

佛教用語的語義誤解

當然，有趣歸有趣，有一些日常佛教用語的演變，卻讓我覺得難以接受。

第一次參加研究所的迎新會時，坐我旁邊的學長知道我不能飲酒，卻故意拿起桌上的啤酒，不斷向我「勸酒」。學長帶著醉醺醺的語氣說：「不要緊，這是『般若湯』，佛教是允許的，你不知道嗎？」讓我好氣又好笑。

般若，出自梵語prajñā，即智慧的意思。眾所周知，佛教的戒律裡有「禁酒」一條，但是，自從日本佛教寺院裡「肉食妻帶」之風氣盛行以來，僧侶飲酒一事也逐漸被大眾所接受。因此，不難想像，把酒加上「般若」一詞，帶有非常強烈的反諷意味，如蘇東坡在《東坡志林》說：「僧謂酒為般若湯，謂魚為水梭花，雞為鑽籬菜。」被喻為諷刺當時某些佛教寺院裡飲酒食肉的弊端。

其實，日本的一些寺院依然保有嚴禁飲酒食肉的規矩。京都法然院三門口的古老石柱上，刻著「不許葷辛酒肉入山門」，可見

京都法然院三門口的古老石柱上，刻著「不許葷辛酒肉入山門」，可見當時佛教寺院杜絕不良風氣的決心。（釋有暋攝）

當時佛教寺院，為了杜絕不良風氣所下的決心。

文字語言的文化精髓

常言「語言是文化的基礎與結晶」，許多語言學者亦指出，語言、文字的差異，是由於文化的進展而產生。另一方面，語言又能影響文化的發展，如上述那些滲透日常用語裡的佛教詞彙，不但豐富了社會的文化內涵，更提昇了人們的表達能力。

日文老師曾經語重心長地說：「很多西方人認為，只要學會日語會話，就能理解日本文化。他們把語言僅僅視為溝通工具，卻忽略了日語，尤其是漢字裡隱藏的語義，因此無法真正了解日本文化的精髓。其實，正是這種文字的內涵，在歷史洪流的洗禮中，塑造了日本文化的特質。」

日本日常用語中常可見到漢字，不過，意思已不再是漢字原意，例如「湯」的意思可以用來指熱水、泡澡的熱水與溫泉，如果是指喝的湯，日文為「スープ」。（達志影像提供）

我深深認同老師的看法。語言是一種不斷變化的生命體，它會增加新東西，也會淘汰舊東西，更會改變一些原有的東西。這些改變，會在文化的長流裡留下琢痕，且在人們的共同記憶裡內化、沉澱。換言之，這也是佛教在千百年間，於民間生活逐漸產生潛移默化、移風易俗之教化功能。由此可見，佛教走入社會，融入人們的生活，在日本是不爭的事實。

人生快門 06

My pace

日語マイペース（My pace）是一個和製英語，即日本人自創的英語詞彙。

My pace，意思就是以自己的方式及步伐做事，不比較、不受他人影響，也不在乎別人的眼光。這需要勇氣，也需要莫大的自信。

My pace，應該是一個令人又愛又恨的想法吧！愛的是，能依照自己的方式瀟灑地生活；恨的是，你要有得罪周遭人的心理準備。這也是為什麼這幾年的暢銷書，都有類似的主題，像是《被討厭的勇氣》、《接受不完美的勇氣》

等。看暢銷書的主題，就能知道現在的社會需要什麼。

這個月底會辦一場網路佛法座談，主題是年輕人（尤其是佛教徒）在面對殘酷的社會競爭時如何還能秉持「少欲知足」的原則。一方面要力爭上游出人頭地，另一方面又希望不隨波逐流，並提昇精神生活的層次。這似乎會產生矛盾，我還沒想好要如何講這個主題。也許，My pace 可以成為此次座談的引子。

其實，除了勇氣跟自信，My pace 更需要的是一顆清醒的頭腦吧！清楚知道自己需要什麼，也知道如何去取得成果，才能不被身邊的人影響，也不怕起步落在人後。以上只是隨想而已，到了現場座談，講出不大一樣的內容也說不定！

My pace.

CHAPTER 2

07

日本家庭的佛壇文化

隨著一聲清脆的磬響，柴田夫婦和我站在精緻莊嚴的木製佛壇前輕輕合掌，開始誦念《心經》、〈七佛滅罪真言〉及〈迴向偈〉。站在我們身後，很虔誠合著掌的是柴田先生的友人。佛壇內，除了一尊阿彌陀佛像，還有線香、花及蠟燭，佛像之下正中央處，擺放著一幅大張的個人照片。

佛壇之普及

在日本，家裡安置之佛壇（或佛龕），日語也稱之為「廚子」。在奈良時代（七一〇～七九四年）以前，安置佛像、佛畫或舍利之處所被稱為「宮殿」或「六角殿」，而收納佛教典籍或經卷之處則被稱為「廚子」。廚子，顧名思義，是家裡廚房的器物之一，至於為何佛壇會被稱為「廚子」，則無定論。當初，廚子的造型是根據印度石窟寺院的龕（供奉佛像之石室）而製，材料大多採用土、木或石。後來，由於受到儒家思想之影響，漸漸地，家中佛壇也出現以牌位來祭祀祖先之習俗。

根據日本最古之歷史書《日本書紀通證》記載，飛鳥時代（五九二～七一〇年）的天武天皇於六八五年三月二十七日，詔令所有朝廷官員家裡設置佛壇，因此，當日亦被認為是日本佛壇文化的發祥日。到了千年以後的江戶幕府時代，基於檀家制度（賦予佛教寺院管理家族戶籍的權限，規定每個人從出生、搬遷、嫁娶到死亡，都必須向所屬寺院申報）的形成，幕府下令每家每戶設立佛壇，使得佛壇文化廣為普及。

家中佛壇的內部擺設，一般仿照家族所屬宗派寺院之正殿，且佛像安座於正中央，祖先牌位置於佛像旁，帶有期望祖先修行

柴田夫婦隸屬臨濟宗，家裡佛壇設計樸素，佛像、佛具、牌位等一應俱全，十分莊嚴。（釋有晉攝）

日本「御盆」（盂蘭盆節）文化中有一種稱為「精靈馬」的祭品，由小黃瓜及茄子，插上牙籤或竹筷製成，象徵馬及牛的形狀，讓祖先靈魂乘坐的交通工具。（達志影像提供）

成佛之意。佛壇上通常設有「五供」，分別為線香、花、蠟燭、淨水及飲食。當然，佛壇的構造與供品也因宗派之別而有差異。譬如，有些淨土真宗信徒家佛壇的亭台與樓閣層次分明，有如宮殿般金碧輝煌；而禪宗信徒家裡的佛壇則精簡樸素得多，兩者相映成趣。此外，佛壇多設有門，只有在禮拜、祭祀時才會打開。

佛壇之文化

那天，我隨柴田夫婦前往參訪他們在長野縣的寺院。途中，柴田先生突然說想去拜訪友人——吉田夫婦。讓我感到意外的是，剛抵達吉田夫婦家中，他們隨即將我們引到客廳中央的佛壇前，把木門打開，而柴田夫婦也二話不說，帶著毫無準備的我，做了一場簡單的誦經儀式。

佛壇裡的照片，是吉田夫婦兩年前因病往生的女兒。從柴田夫婦的舉動，可以看出他們跟吉田一家的親密關係。後來，柴田先生告訴我，在日本文化裡，往生的親人雖然離開了（按照日本淨土真宗的說法，即「成佛」去了），但家人還是會把往生者看成家中一分子，隨時可與之對話和分享心事。可以想見，做為長輩的柴田夫婦，當時是向吉田夫婦的女兒問候。

不但如此，當到了柴田先生家裡，夫婦倆也是第一時間把家裡佛壇的門打開，並把我帶來的伴手禮，以一部分供養佛菩薩及祖先，再燃香問訊，一切顯得那麼自然。

這讓我想起，日本電視劇裡常看到的畫面：從外地回鄉的孩子，才回到家，第一件事就是跑到佛壇前（通常放在一間稱為「佛堂」的房間內），點香敲磬，合掌問訊，然後開始說話，彷彿與家人敘舊般，場面溫馨。

佛壇之現代化

隨著現代人生活方式的改變，一般人拜佛及祭祀祖先的習俗也受到影響，乃至佛壇設計也發生了變化。

二〇二〇年五月，一家名為「Gallery memoria」的佛壇專賣店在名古屋開張營業，吸引了媒體的報導。店內的設計，有如家居裝潢展示店般非常典雅高貴，而展示的佛壇也充滿時尚設計感。這些現代式佛壇，材料主要為紫檀木或黑檀木，價格比以往由專業匠人精密打造之佛壇更為大眾化，讓居住空間愈見狹小的都市人趨之若鶩。

專賣店現場有一對母女顧客在接受訪問時表示，這種充滿時尚感的佛壇，與家居設計融為一體，即使放在客廳中央，也不顯得突兀。不但如此，佛壇上的門扇由玻璃打造，可自由拆換，家人可以在不同季節，為佛壇換上

曾任開眼寺住持的柴田先生與作者合影。（釋有暋提供）

各式各樣手工打造的彩色玻璃，其樂也融融。

此外，日本的墓地非常昂貴，加上每年要繳付的管理費，以及寺院法會超薦的開銷等，讓日本有愈來愈多人選擇「不進墓地」，而把往生者牌位（甚至骨灰）放在家裡祭祀，因此，充滿現代設計感之佛壇，愈來愈受到大眾關注。

「佛壇放在客廳裡，我們每天就能看到了。我們想把爸爸（往生者）放在一家人共處的地方。」受訪的母女說。

永恆之連接

由於家庭少子化的影響，華人傳統祭祀祖先之習俗已經面臨巨大衝擊。在臺灣，許多佛教團體提倡簡化葬禮儀式，除了發揚佛教「不執著」之精神，更響應環境保護之呼籲。譬如，法鼓山一年一度的水陸法會中，不但大量採用網路作業，法會裡的請聖、焚化牌位、送聖等儀式，皆以電腦動畫投影取而代之。再者，創辦人聖嚴法師曾提倡「骨灰植存」，並捐出位於金山的「法鼓山世界佛教教育園區」內的一處公園（生命園區）做為植存專區，開放讓民眾申請。

植存專區特殊之處，在於它只是一般林園，因此沒有墓碑、墓塚等設施。家人把往生者的骨灰分別裝入數小袋埋入地下，一段時日後，骨灰分解回歸大自然，不留痕跡，讓土地可重複利用。

華人傳統裡，向來有「入土為安」之觀念。《呂氏春秋》裡說：「葬也者，藏也，慈親孝子之所慎也。」可見，不論是土葬或火葬，後人總想為往生親人留下些什麼，以盡孝親之道。

可是，若往生者生前的意願，是為了無後顧之憂而選擇植存，然而家裡卻出現反對之聲，又該如何？最近，有一位友人即遇到此問題。她找我詢問時表示，心裡很想遵循先生生前的意願，但又顧慮到家裡人無法接受，尤其是對於膝下年幼的孩子，若連個墓碑都沒有，心裡對父親的牽掛，該何去何從？

這時，我想到了日本的佛壇文化。於是，我建議她，在家裡設立一個清淨的專屬空間，擺放先生的照片或其他代表物，讓孩子們在想念父親時，可以在那空間裡獨處、追思。就像吉田夫婦那樣，為了緬懷過世的孩子，在家裡佛壇上擺放照片，與之共處，既是接受逝者已去的事實，也能在心裡建立長久之連接。

其實，對於剛失去至親的家庭來說，家裡如果設置一個空間，讓家人可以在不受干擾之情況下，以各自的方式來緬懷親人，當可療癒心靈創傷，慢慢走過哀傷之過程。至於是否要設立佛壇及供奉佛像，則視個別情況而定，無需強求。

心安

晚上九點，正在準備明晚「聆聽比說話重要」線上講座，晶子老師傳來簡訊：

今、左京区は大雨警戒3レベルです。
外出は控えていてくださいね！
お気をつけください。
（左京區發出第三級大雨警報，不要外出喔！請小心。）

我還在研究室，外面下著傾盆大雨，想回家也回不了。天氣預報大雨還會下好幾小時……。想了一想，給老師回一句：

好的。我現在很安全，請安心。謝謝您！

有些話，聽到感覺會很暖心；
有些話，不說別人才會安心。

人生快門 07

CHAPTER 2

08

界與戒

「靠太近，媽媽沒辦法往前走喔！」從走進那神祕的石坊開始，少女就抓著母親的衣角，身體緊緊貼在母親的背上，深怕一鬆開，就會被隧道裡的黑暗給吞噬。但是，愈往隧道的深處走，少女的手反而漸漸鬆開，也開始對周遭的環境感到好奇。隧道的盡頭隱隱看得到微光，一個神祕的世界正在召喚他們。

門：明確的界線

日本動畫大師宮崎駿導演的《神隱少女》，曾經贏得奧斯卡最佳動畫長片獎，是風靡全球、老少咸宜的一部動漫電影。內容描述一個名叫「千尋」的小女孩，誤闖了神明的世界，然後經歷種種人生磨鍊，進而對生命產生豐富體驗而回到人間的故事。

宮崎駿的作品之所以膾炙人口，是因為他的劇本內容都取材自充滿溫度的生活文化。電影裡，無論是城市與鄉野間鮮明的輪廓、大自然四季分明的景色，乃至台階上的青苔、地上一尊隨意放置的石像，都在有意無意之間散發出濃厚的文化氣息，使人為之嚮往。而電影中少女走入石坊的場景描述，讓我印象深刻。一道門，隔開了繁華熱鬧的世俗與莊嚴肅穆的神明世界，而勇於闖入之人，身心必會經過脫胎換骨的淬鍊。其實，在日本文化裡，一扇門，不論有形或無形，皆是明確的界線，且對日本人日常生活的規範，起著舉足輕重的作用。

到日本旅遊時，人們一定會對寺院前的三門及神社的「鳥居」（相當於中國的牌樓及牌坊）留下深刻印象。在京都，各式各樣的三門及鳥居，總數估計超過數萬座，從精簡至極的朱紅色鳥居，到本身宛然一座殿宇的三門，種類繁多。其目的只有一

京都平安神宮前的鳥居，與其說是神社的入口，更像是這座城市的入口。（釋有晉攝）

個，即表示凡間與神聖場域的臨界，提示人們，跨越此門即進入神明或佛菩薩聖潔的殿堂。

形・・自覺的「門」

在前往京都清水寺的狹窄曲折坡道上，兩旁商店林立，人山人海，各種日新月異以及精緻無比的商品，總會讓人忍不住駐足欣賞且把玩。而發源於當地的清水燒窯，更是日本陶瓷文化之代表，名揚中外。隨著擁擠的人潮漸漸走近清水寺建築群時，首先映入眼簾的是一座獨立兩層樓高的朱紅色三門，光彩奪目，稱為「仁王門」。

人們也許會認為，那只不過是寺院建築群中的一個點綴，其功能充其量也只是一個打卡地點，證明曾到此一遊。可是，若細心觀察會發現，當人們越過此門，會很自然地放輕腳步，而方才街道上的熙熙攘攘，也似乎被擋在門外了，瞬間消失得無影無蹤。從繁華的商店街走入莊嚴古樸的寺院建築，那種感覺就像脫下塵世間層層的汙穢而走入心靈的聖潔場域，煩惱瞬間煙消雲散，內心感覺清涼無比。

神社的鳥居，也有同樣的功能。鳥居的設計，通常只有幾根柱子，有些甚至單薄得彷彿只剩下二度圖形，既沒有門，更沒有牆，在空曠的空間裡獨立著，顯得有點突兀。在京都，最負盛名的鳥居坐落於伏見稻荷神社，那順著山坡匍匐向上、九曲十三彎的參道上，蓋滿了百千座鳥居，形成如屋簷般的建設，讓人歎為觀止。由於這些鳥居比神社的正殿更有名望，因此，大多數遊客只會在鳥居裡繞圈子，對於正殿的模樣，幾乎不留任何印象。

除了有形的三門外，日本文化裡有更多無形的門或界線。譬

京都清水寺入口處的朱紅色三門「仁王門」。（釋有曙攝）

走進伏見稻荷神社無盡的紅色鳥居時，令人覺得震撼。（達志影像提供）

如，京都法然院參道上一條分叉的小徑上，盡頭處是一扇小小木門及圍牆，裡頭彷彿隱藏了千年的祕密。而當人們想要走入小徑前去看時，卻發現小徑的中央，放著一塊綁著十字形黑色麻繩的方石，如同地上的裝飾。即便不懂這石頭用意的外國遊客，也會猜到這是一種無形的門，提醒你：此路不通。而有一些地方，則橫放著高度只及腳踝的一根竹筒，稍不留神，就會跨過去了。因此，人們學會了小心謹慎，走路時左顧右盼，避免越過各種場合裡那些似有若無的界線。

很多人覺得這現象很不可思議。這些毫不起眼也起不了任何防盜作用的「門」，竟然可以讓人們變得更加小心翼翼，其效果絲毫不比真實的大門遜色。這就是日本文化裡有形及無形讓人們生起自覺的「門」。

戒：修行的臨界

我一直覺得這種「門」的文化，即有形及無形的界線，是十分溫和、體恤的；它不會強行阻止人們做某些行為，而是釋放出溫馨的提醒，讓人們自發地養成某種習慣，並願意自我要求來實現它。

從這一點來看，佛教的修持不也是這樣？一直以來，我聽到最多初學佛者的疑惑，不外乎是「學佛不受五戒比較好，受了戒以後很多事情將不能做。而且，若不小心犯了，還會種下惡因！」由此可見，許多人認為，戒就像法律的約束與制裁，使人們必須放棄許多喜歡的事，且要避開一切享受，更要不斷忍耐討厭的事。每次聽到如此似是而非的看法，總讓我覺得很錯愕。總之，「受戒等於受苦」這種觀念，實在是對佛教修持的莫大誤解啊！

首先，讓我們來看看戒的定義。戒的原意，若從梵語 sīla 來解釋的話，意指生活裡的習慣，而非「很多事都不能再做，做了就會受處分」的意思。所謂生活習慣，就是生活裡好的、正確的身、語、意行為。好的習慣需要一點一點地培養，也需要我們從內心自發地生起覺察，並自我要求，以期提昇自己的人格修為。此外，戒的內容主要是教我們分辨好與不好的習慣，給我們提供了一把倫理道德的量尺，讓我們自行斟酌行為的尺度。

戒，是一種提示。就像日本文化裡那些有形或無形的界線，是一種溫和的提醒，讓我們無時無刻提起正念覺知，審查自己的行為，且從內心的思惟開始培養良好習慣，不墮入痛苦的深淵。戒，如同寺院前的三門畫分了世俗的紛擾與聖地的莊嚴一樣，是我們心靈的防護，讓我們學會分辨無明的貪、瞋、癡與內心原本具足的清明。

因此，戒不是枷鎖，更非重重的鐵門，把人囚禁起來；戒是在寺院前讓人瞻仰的莊嚴三門，是神社前藝術品般的鳥居，是參道上一塊溫和無語、長著青苔、與大自然融為一體的方石。戒是臨界，讓人從熾熱的娑婆世界進入清涼的修行境界，也在在提醒我們，縱欲與脫俗之間只是一門之隔，如同禪宗所強調，迷與悟之間也只不過一念之差而已。

悟：境界的提昇

「靠太近，媽媽沒辦法往前走喔！」

走過那道石坊，進入神明的世界，經過歷練與成長，千尋有如脫胎換骨，變得堅強與自信。與父母重逢以後，看著日思夜想的至親安然無恙，那份思念、感恩之情，僅能透過緊緊握著母親的手來傳遞。但千尋此時的心境，已經全然是另一種境界了。

許多佛教初學者，在剛接觸佛法時，也難免顯得戰戰兢兢。在佛法的熏陶以及善知識的引導下，他們漸漸放下內心包袱，接受佛教戒與定的鍛鍊。經過一段時日後，他們會發現，自己的生活與精神層次，皆會獲得提昇。

從入門、改變習慣、鍛鍊身心，到最後的自我提昇，電影裡千尋的經歷，不就跟佛教修持的過程很像嗎？

法然院參道上的方石，宛若一扇無形之門，提醒人們止步。（釋有晵攝）

有故事的人

人生快門 08

每天早上經過跟他打招呼時，他都只是面無表情看我一眼，偶爾會點點頭，看起來是一個很不開心的人。其實我有點怕他。

當然囉，每天的工作就是處理那些沒有分類好的垃圾，清洗那些空氣永遠不流通的廁所，還要重新排列那些亂停放的腳踏車。換作是我，我的臉應該會更臭吧！

他的工作對別人來說是那麼地理所當然，透明度也極高。

那次颱風過後的早上，整個校園都是掉落的樹枝、樹幹。看到一個孤單的身影在那裡收拾殘局，但樹幹實在太重，怎麼也拉不起來。我本能地走過去，捲起長衫也幫他一起拉。他楞了一下，欲語又止，好像要阻止我。

「搬去哪裡？」我沒理他，直接扛起樹幹的一端，準備往前走。

隔天早上，經過樓梯口時，突然一句「哦嗨喲摳賽馬蘇」從背後傳來。第一次看到，那張依然緊繃，卻勉強擠出了一絲笑容的臉。

身體的記憶

茶道，待人之道

茶碗．禪意

從禪修學攝影

公車上的覺醒

非最好的安排

我的信仰與研究

我的弘法路

CHAPTER 3

生活禪法醍醐味

CHAPTER 3

01

身體的記憶

「道」的修習

如果有到過日本體驗「一期一會」的茶會，你就會明白，要嘗到亭主沏的抹茶以及精緻的日式甜點「和菓子」，需要經過一番身心的考驗。首先，你必須在榻榻米上正襟危坐，很有耐心地看著亭主那完美的沏茶動作，同時慢慢地品著甜點；坐沒多久，你的雙腿開始發痠發麻，到了幾近忍無可忍時，等待已久的一

茶會中享用的精緻日式甜點「和菓子」。（釋有晵攝）

碗抹茶才被慎重地送到你面前；然而，茶一入口，你內心就會驚呼：「這麼苦！」這時才明白為何剛才吃的那口點心要做得那麼甜了。的確，相較之下，日本茶道更重視的不是飲茶，而是沏茶的過程，一種包含了「和敬清寂」的精神之「道」。

日本茶道傳承自中國，經過幾百年的發展，融合禪宗及武士道精神，形成了日本獨特的禮儀文化。茶道文化的內容非常豐富，從茶室內外的布置到茶具的設計；從亭主的和服到掌握茶具的手勢，隨著一年四季的時令皆有所變化。當初決定學習日本茶道，純粹只是想體驗京都最具代表性的文化。很難想像一向不喜繁文縟節，又自認記性不好的我，竟然會選擇茶道做為深入認識日本文化的橋樑，這無疑是一項極大的挑戰！因此，上第一堂茶道課時，我特別緊張。當老師開始示範泡茶的流程時，我突然靈機一動，掏出了手機想把過程拍攝下來，心裡想：「這樣就萬無一失了。」沒想到老師立刻阻止，對我說：「『道』的學習，要用身體來記憶。」

原來，各種「道」的修習，舉凡茶道、書道、花道、劍道等，在傳統的教學氛圍中，學生只能看老師示範一遍，然後在老師的指導下，自己盡量模仿。即使要做筆記，也是回家以後，趁還有印象的時候趕緊寫下。僅僅透過眼、耳、鼻、舌、身、意的專注與記憶，這就是日本傳統「道」的修習模式。

聽聞之真意

記憶中，對自己「記性不好」的認定，應該是開始頻繁使用筆電及手機以後的事吧！那時，在研究所上課，課堂裡筆電放在桌上，雙眼盯著螢幕上的講義，雙手在鍵盤上不斷地輸入筆記。有時連白板上的些許資料都懶得抄，就趁老師沒注意時趕緊用手機拍下。更有人索性把錄音筆大刺刺地放在老師面前，連老師打的一個噴嚏都記錄在案了。可能基於這緣故，久而久之，如果上課時不做筆記、不拍照記錄，內心就會覺得不踏實，漸漸地也覺得自己的記性變差了。

在佛教所有的修行體系中，「聞、思、修」是一直被遵循的學習順序。從佛經的開始句「如是我聞」，不難發現佛陀的弟子們都在佛陀身邊專心一致地聽佛陀說法，並記下佛陀說的法，將之變成口訣，一句一句地重複背誦，這就是「聽聞佛法」的原意了。由此可見，「聽聞」指涉的不只是聽見，還包含聽了以後能夠牢牢記住的能力。如此，經過反覆思維，佛陀的弟子們才把佛法實踐於修行中。自古以來，背誦一直是佛教教育裡很重要的一環；即使到了今天，許多南傳、藏傳佛教剛出家的沙彌，每天的功課之一依然是背誦經論。

為何要背誦？因為這跟專注力的訓練有關。眾所周知，八正道的修習，當中的「正念」、「正定」與禪修密不可分。而「正念」要對治的，是「失念」，即散亂之心。這散亂之心人人皆有，也就是造成我們「記性不好」的原因。如《成唯識論》云：「云何失念？於諸所緣不能明記為性，能障正念，散亂所依為業。」當我們失去正念時，精神將不能統一，對於日常發生的事情自然不能明白地記憶。這對學習來說，實在有莫大的障礙。

由此可見，「聽聞」的過程不是單單聽到或看見而已，它需要我們高度的專注，打開所有感官知覺的能力，然後用我們的身體來做最真實的記憶。

最好的禮物

二十一世紀是一個資訊高速膨脹的時代，各種知識皆可從網路上隨手拈來。正因為如此，我們也愈來愈習慣把我們大腦的記憶庫「外包」出去。我們不再依賴自己的記憶，因為以往許多需要被記住的事情，現在只要手上有一支手機就可以解決，毫不費勁。譬如，當我們把車子停在商場的停車場以後，離開前總會舉起手機，把停車位的編號拍起來存檔。管他車子停在第幾樓層的哪個角落，取車前看一眼照片就行了，何必費心去記住呢？

也許很多人會說，那些無關緊要的事情，記來做什麼？不如把精神放在更重要的事情上吧！這聽起來似乎合理：誰又會捨棄科技帶給我們生活上的便利呢？可是，問題在於，記憶力不像銀行存款，會愈用愈少；它更像一把刀，只會愈磨愈鋒利。這是因為，為了記住一件事情，我們必須去注意它的細節，然後把它跟腦袋裡既存的記憶做連結。這過程，需要專注力，更需要用心觀察，才能產生記憶。久而久之，它將成為一種自動的能力，這就是所謂專注力的提昇了。當我們以為凡事都可以科技取代，不用再「傷腦筋」記憶事情，這也意味著，我們將愈來愈少使用專注力了。因此，現代的我們常感嘆記性不好、專注力衰退，這也就一點都不奇怪了。

透過茶道的練習，我漸漸懂得了遵循古法的好處。每次上課前，我都會先讓心情沉澱下來，打開所有感官，試著用身體來做學習的記憶。沒想到，那竟然成為一場知性與感性交匯的饗宴，成就了非常愉快的學習

茶室裡用以裝飾的字畫與插花，會隨著季節而變化。（釋有暋攝）

氛圍。每一次的學習，都是「一期一會」，雖然我不見得能夠記住每一個細節，卻能從認真地觀察中體悟到茶道所需要培養的專注力與恭敬心，漸漸明白茶道之「先形後心」、「負重若輕」等道理。很感謝茶道老師給我的這句話：「『道』的學習，要用身體來記憶。」學習與修行本來一味，我僅希望以「提高專注力，用身體來記憶」，做為給自己最好的一份禮物。

人生快門 01

遊戲

當晶子老師捧出一個裝滿了細細灰的大風爐時，我有點傻眼。晶子說的時候一臉莊重：「用這些道具，把灰壓平，弄出一個『二文字』的形狀。」

古時候，煮水泡茶必須用炭。水要燒得好，炭火要控制得當。而要維持一爐好的炭火，則必須要靠鋪在底層的灰。因此，在茶道裡，爐灰的處理也形成了一門學問。

我拿起像湯匙般的扁平道具，學老師示範的那樣，開始弄了起來。晶子看我愈做愈起勁，不到五分鐘就完成了，似乎很驚訝：「這真的是你第一次做嗎？看你做得這麼輕鬆，好像還很快樂，一點都不困難。我第一次做的時候，弄了老半天都弄不好，可說是吃盡了苦頭呢！」

其實，我是想起了小時候，在沙灘上堆城堡的遊戲。雖然心裡清楚知道，堆的都是假樓，但還是義無反顧地，很快樂地盡力做到最好。或許因為知道這終究會被海浪沖走的緣故，即使做錯，或途中被人踢翻了塔頂，也不會怎樣。反正，再蓋一個就是了。

常聽說菩薩遊戲人間，逍遙自在。如何才是遊戲人間呢？也許真的就像小孩那樣，心裡知道一切不外乎假象，過程中還是盡心盡力，而當無常的海浪來襲時，也能坦然接受，無怨無悔。

這終究，只是遊戲一場。

CHAPTER 3

02

茶道，待人之道

在茶室行走時，必須以四步均等的步距，走過八十公分長的榻榻米，且不能踩在榻榻米之間的接口上。要注意，入室時右腳先跨入，出室時左腳先跨出。

奉茶時，要把茶碗的正面轉向客人，然後靜靜等待。客人會以三口半的次數來喝一碗茶，到了最後的半口，會用力「窣！」一聲全部吸進口裡。

這時，亭主（茶會的主辦人）才繼續接下來的流程。

以上是第一天上課時，茶道老師教我日本茶道的基本規矩。乍聽到學習茶道竟然要記住許多繁瑣的細節，我不禁皺了一下眉頭，心裡納悶著。

老師看出了我的疑惑，解釋道：「茶道最能展現日本文化裡的待客之道。它表達的意涵是內斂的，且在亭主與茶客的互動之間，透過各種標準的行儀，達到完美的和諧。」看到我還是一臉迷惑，老師就笑笑說：「你以後就會懂了。」

茶室裡，行走、煮水、奉茶都有規矩，從中可體驗茶道精神。（釋有晵攝）

正念的體貼

這兩年來，透過每週的學習，我漸漸明白茶道的修習，主要是培養我們的觀察力及待人的誠意。我也領會到茶道裡的每一項要求，都蘊涵歷代茶人歷經幾百年的揣摩與實踐而累積的智慧。

就以茶席的準備來說，在傳統茶道的儀軌中，有一道被稱為「炭手前」的流程，即準備燒火煮水用的木炭。這些木炭有多種固定的形狀，且各有名稱，亭主會依順序將之整齊地放入火爐內，如擺設一件藝術品。再者，鋪在火爐底層的炭灰，不能四處散落，而是被堆砌成各種整齊一致的「灰形」。

灰形融合了陰陽五行的觀念，代表宇宙天地的運行及和諧。最基本的，也最難堆砌的，是被稱為「二文字」的灰形。它就像兩座對望的山岳，谷間畫上水卦的條橫，再撒上白色的灰來營造滿天星辰的意象，讓客人在欣賞時，心裡生起絲絲涼意。到了炎熱的夏天，靠近客人一邊的灰形，還會被提高高度來阻擋熱氣。這些看似微不足道的細節，足以展現亭主對客人的體貼。

除了視覺上的美感，亭主亦會用香丸來提昇客人的感官體驗。在冬天，茶道裡使用的是練香，即一種由沉香、麝香等材料煉製而成的香丸。在茶席開始之前，亭主會把香丸埋在灰裡。當炭被點燃，遇熱的香丸漸漸散發出幽香，待客人推開茶室拉門的那一刻，即能聞到迎面而來的清幽香氣。我最喜歡在這若有若無的香息中，感受那一分沉著的寧靜，提醒自己回到當下的感官體驗，並放下生活裡的種種煩憂。

此外，點茶時，從鐵壺裡取水及倒水的動作，也是一門學問。亭主會用水杓舀取熱水，輕輕移到茶碗的上方，緩緩把水倒入裝了抹茶粉末的碗內。這過程，手必須平穩，在保持同樣高度及速度的同時，使流水發出清脆的滴瀝聲響，讓人聽了有如置身清泉之側，感覺渾身清涼。

在茶席結束前，亭主會舀一杓冷水，倒入鐵壺中。這時，高溫

用杓子舀水時，手必須平穩，使流水發出清脆的滴瀝聲響，猶如聽一場音樂會。（釋有暋提供）

的鐵壺會發出「嘶……」的一聲，猶如一場演奏會的尾聲，茶室逐漸恢復當初的平靜，預告一場充滿正念覺知、從有到無的茶會之結束。

無我的關懷

我曾經以為，日本茶道只是一項表演，身為茶會的亭主，理所當然就是演出中的主角了。一大群人靜默地圍著亭主而坐，非常專注地看著亭主的每一個動作，彼此的呼吸聲都聽得見，就像在看一場藝術演出。也許，大家還會在心裡默默評價，例如茶室的擺設是否符合季節，茶具是否夠精緻，亭主的動作是否符合標準等。但是，開始學習茶道以後，才明白當初自己的想法是如此膚淺，尤其是茶道老師所教的，根本與「個人表演」扯不上邊。

的確，每一個點茶的環節，都要遵守特定的規矩。但實際上，還是會根據環境及客人的狀況，隨時做更動或簡化，即便事前對所有流程都做了充分準備。再者，亭主點茶的動作要氣定神閒。可是，當大家正襟危坐了許久之後，一定會有人的腿已經開始發麻了，這時就得加快動作，而不是裝作一副緩慢從容、自顧優雅的模樣。

老師曾經告訴我一個故事：

古代有一位很有名的茶

師，在櫻花盛開的季節邀請客人來喝茶。

他知道客人們在到來之前先去賞櫻了，利用時間趕緊把茶室裡精心布置的插花全部撤下，換上幾株不起眼的小花。

弟子們非常不解地請問茶師，茶師說：「客人才剛剛賞櫻回來，我們何須錦上添花？且讓客人們心裡留下賞櫻時最美的回憶，這樣不是很好嗎？」

可見，亭主若把自己看成主角，在茶會裡有意賣弄自己的學識，凡事都想展現自己的才華，很自然地，茶會就變成一場表演了。反之，亭主若帶著體貼客人的心情，處處以「利他」為出發點，則能讓賓主皆歡。這種不執著於自我而單純為他人奉獻的茶會，就是茶道的精髓，也即是無我的展現。

「殘心」的意境

我漸漸覺得，茶道的重點是「道」，茶只是學習「道」的過程裡之點綴。因此，我愈來愈能體會茶道老師的教學理念，即不十分看重外在的因素（點茶的動作及茶道具等），而是講究心法的掌握。

點茶時，要保持「殘心」。譬如，放下茶碗時，我們需把注意力從手上的碗慢慢轉移到榻榻米上，然後移到碗底碰觸榻榻米的那一點上，最後在茶碗被穩穩地放好的空間裡稍作停留，讓專注的餘溫殘留於上。

在一場茶會裡，可發現處處留有「殘心」，將真誠款待客人的心意，滲透到每一個細節裡。這也是為什麼，每一次茶道課結束，我們依然輕聲細語，收拾茶具時也井然有序，動作輕巧，跟進行茶道時沒分別。每當我要離開時，穿著和服的老師也總會把我送到門口外，溫馨地叮嚀我路上小心。走到了轉角處，我也會很自然停下來，向仍然站在那裡目送我離開的老師稍稍行禮。這也是「殘心」。

換言之，「殘心」是一種讓待人之真心綿遠流長的表現。這意味著，即使茶會已經結束，對人的關懷與待人的誠意不會隨著行為的結束而終止，而是如漣漪般延續至下一次的相會。好比老師把「殘心」留給學生，能讓學生帶著愉快的心情，期待下一場「一期一會」的茶會；同樣地，禪修修行的人，若也能把「殘心」留到離開蒲團以後的日常生活裡，時時保持正念，專注於自利利他的行為上，則能達到淨化人心與社會的效果。

一場茶席所需準備的用具。（釋有晉攝）

真誠款待

二〇一三年，當國際奧林匹克委員會宣布東京成功申辦奧運會主辦國時，做為日本代表的瀧川・克里斯汀，用緩慢的語速在演講裡誠意十足地說了一句：「o mo te na shi（真誠款待）。」讓全世界對日本文化的待客之道印象深刻。

真誠待人之道，是一門學問，更是一門藝術。它需要我們培養正念的態度來細心觀察別人的感受，發揮無我的精神來實踐博愛的關懷，以及延續「殘心」的心意來發揚自利利他的行為。

對我而言，茶道裡處處看似不經意的身心上之體驗，會內化為一種生活態度，使我更明白人我事物的本質，對佛法的實踐生起更深一層的體會。

人生快門 02

Okaeri

缺席了三個月，再次回到福成寺來參加每週日的禪修。

推開大門，喊了一句：「tadaima（我回來了）。」住持法師也很配合我的演出，爽朗地笑一聲，回了一句：「okaeri（歡迎回來）。」

是誰曾經說過：「處處無家處處家。」對禪宗來說，是不是可以解讀成：因為不著相，所以處處不是家；因為大自在，所以處處皆可安頓身心。

這樣的灑脫，我還沒修成，因為在這裡有一種熟悉的溫度，總能讓人生起歸屬感；有一種無分別的包容，會使人覺得非常自在。

所謂的人情味，其實不就是一句真誠的「okaeri」麼？

CHAPTER 3

03

茶碗・禪意

小女孩指著玻璃展示櫃裡的茶碗，嘟起嘴，突然說了一句：

「這碗好醜喔！」

第一次到京都國立美術館參觀日本茶碗的展出，是我剛開始學茶道的時候。當時，我對陶瓷藝術一無所知，但有茶道老師在旁，如數家珍般地為我講解每一隻稀有茶碗的審美知識，讓我開始學習欣賞各種名家茶碗背後的藝術之美。

參觀途中，老師指著展示廳正

中央櫃子裡的一隻碗，問我的感想如何。我看那隻碗，黑黝黝的一團，碗口歪歪斜斜，表面看似隨意上了釉藥，粗糙的身上有一些不規則的小孔，其厚度也不甚均勻。由於它被擺在特殊的玻璃櫃子裡，可想而知，那一定是茶道界裡的奇珍了！可是，看著這樣一個碗，我實在不懂得欣賞，只能支支吾吾地說些什麼「很特別」之類的話。

然而，當聽到小女孩的一句誠實語時，我會心一笑，暗地裡感激她說出了我的心聲。

樂燒

茶道裡，有一句眾所周知的至理名言：「器為茶之父，水為茶之母。」可見，若要品嘗佳茗，非得要有好茶、好器、好水不可。好器，當然指的是品質好的茶具。在中國唐代，瓷器的造型以豐圓、莊重、華麗為主，凸顯出唐朝的盛世氣象；到了宋代，則偏重文學藝術，瓷器的審美標準亦因此走向淡雅、簡約、細緻的格調。即便經過各朝代的發展與變化，中國瓷器在不同時代皆追求高溫燒窯的技術，講究造型均勻且光澤細膩的外表。可是，為何陶瓷藝術傳到了日本，其審美觀卻變了樣？

大體來說，日本的茶碗可以分為舶來品、樂窯、國產、現代茶碗等四種類。舶來品，主要是指

茶會現場一隅。（釋有晵攝）

從中國唐朝傳來的「天目」茶碗及朝鮮的「京戶」茶碗，代表了日本茶道早期的面貌型態。而與舶來品相對應的茶碗，稱為「樂燒」茶碗，是以低溫燒製而成的陶器，也是第一個實現了日本茶道理念的茶器。

樂燒茶碗的創始人是茶道大師千利休（一五二二～一五九一年）。他為了在庶民間推廣茶道，研製出樸實無華的樂燒茶碗。這種茶碗的製作不用轆轤，只靠雙手捏出形狀，且不加修飾，故意留下手製的痕跡，因此，其造型多不均勻。此外，茶碗的碗壁也比較厚，碗口寬且向內攏，圓潤光滑，提昇了喝茶時的舒適感。這樣的碗口設計，非常符合以茶筅來沖泡抹茶的日本茶道。

侘寂

關於日本茶道的審美意識，首先必須談到「侘寂」的概念。侘，即幽玄；寂，乃簡素。幽玄，指的是受到藝術內容的清高與深遠而引起的感動之心；簡素，則指模擬自然界生命的樣貌及色彩，擁有清淡、活潑的內涵。簡單來說，「侘寂」即接受「無常」與「不完美」的審美觀念。因此，我們看到樂燒茶碗的顏色，不外乎簡樸的水墨色、墨綠色或深色系，與大自然合為一體。至於茶碗所呈現的不規則形狀，更突顯出禪宗「無」的概念，形成非對稱性的審美思維。即便如此，樂燒茶碗的製作過程可一點也不馬虎，因為每一隻茶碗都得經過多重嚴謹的工序，不比「舶來品」的製作來得簡單。

其實，幽玄、簡素及不規則的審美意識，不是指「什麼都美」，而是隨順著自然定律所展現的意境美。好比禪宗所闡揚之「隨心自在」及「隨緣無分別」等修行觀念，也不會從一開始就強調「把煩惱業障看成空寂虛無，視一切因果為夢幻泡影」，更不會把「無三界可出離，也沒有菩提可思求」等關於「無」的話語掛在嘴邊。畢竟，這些都是修行人最高境界的表現，非一朝一夕間可成就。因此，我們從禪宗《十牛圖》的修行心路歷程可以看出，降伏煩惱是有層次的：從「尋牛」開始，「見跡」、「見牛」、「得牛」、「牧牛」、「騎牛歸家」、「忘牛存人」、「人牛俱忘」、「返本還源」，到最後「入鄽垂手」。只有到了最後階段，修行者才能「露胸跣足入廛來，抹土塗灰笑滿腮」。猶如明朝的布袋和尚，不修邊幅而能度化眾生的示現。同樣，樂燒茶碗淳樸的美，不是指「什麼都美」，這是因為，傳統日本茶道的學習過程，非常強調「守、破、離」之漸進順序。

守、破、離

記得第一次上茶道課的時候，老師不但教我行禮的多種姿態、掌握茶具的各種手勢，更不斷糾正我在榻榻米上走路的姿勢。總而言之，在茶室內的一切舉手投足，皆有各種刻板的規矩要遵守，讓我彷彿變成一個剛學走路的小孩，戰戰兢兢地，顧得手來慌了腳。看到我的窘態，老師總會安慰我說：「這是『守』的階段。我們必須模仿正確的姿勢，遵守每一條規矩，即使你認為有些規矩是難以理解的。」

一年以後，老師開始教我一些「非正規」的茶道儀式。例如，有一種茶席叫作「逆點前」，其點茶（即沖泡抹茶）的動作、走路時雙腳的順序、茶具的擺放位置等，都與一般茶席相反。這種學習方式，讓我不得不打破之前牢牢記住了的點茶順序及規矩，每一次都得把之前所學「放空」。為此，老師也常提醒我：「把過去所學的都忘了吧，忘得愈乾淨愈好。」

到了學習的第三年，有一次進入茶室時，心裡覺得有些不對勁。首先，室內沒有擺著茶花，而平時準備好的茶碗、茶具等，也全部不見蹤影。老師跟我說：「到廚房裡，看有什麼能替代茶具的，就拿來用吧！」於是，我們以一些廚房裡最常見的器皿，進行了一場別開生面，卻又意義深遠的茶會。結束後，老師跟我說：「這就是『離』的階段了。雖然乖離了傳統，卻更靈活且合乎茶道精神，讓茶師得以個人風格，進行一場別開生面的茶席，最終使賓主皆歡。」

茶道裡「守、破、離」的學習過程，讓我感悟甚深。記得剛出家時，我們也總是無時無刻被師長督促著，感覺不論做什麼事都會出錯似的。而當我們累積足夠經驗以後，責任會逐漸加重，所接觸的人事也變得更寬廣。這時，只要遇到棘手的事，通常就能突破常規思維，且不斷更新過往所學。直到有一天，當師長把責任的重擔一放，我們就自然而然獨立挑起了擔子。因此，我們發現，禪宗的祖師大德大都經歷過類似「守、破、離」的修行歷練，才漸漸悟出修行的真諦。

審美意識

幾個月以前，我跟老師一起到清水寺的陶瓷燒製工坊，親手捏了人生中第一隻茶碗。我坐在陶藝拉坯機前，將不斷旋轉的黏土慢慢集中成形。由於技巧實在拙劣得很，一隻碗剛要成型，被不聽話的手指頭輕輕一碰，就瞬間倒塌。經過多次嘗試，且投入十分心思，再由專人「出手」相救，最後方將作品完成。這過程，我沒有要求完美，只是用心感受著黏土的溫潤，希望能把當

作者親自製作的茶碗，拿在手裡有某種熟悉的溫度。（釋有晵攝）

時的心情，透過作品給呈現出來。完成後的成就感與滿足感，實在難以言喻。

兩週以後，我們收到了燒好的茶碗，且在茶道課裡用來點茶。雖然只是很普通的一隻茶碗，拿在手裡卻有某種熟悉的溫度。更有趣的是，當碗第一次接觸到熱水的時候，會不斷發出「噼啪」聲響，彷彿在演奏著快樂的樂章，迎接新生命的開展。

我終於明白，當天在美術館內，那被我看成「很醜」的茶碗，其實，不應該用眼睛來看，而是用心來欣賞，方能感受工匠當時製作茶碗的心情。也只有這樣，方能體會崇尚自然、寧靜致遠的審美意趣。

修行亦如是。外表只是其次，心之體會才是領悟的根本。

人生快門 03

美不美

每隔一段時間，晶子會從山裡或自家後院採來野花，然後取出花器，邀我一起插花。

「這也是茶道的儀式之一。重點不是插出一盆美得讓人驚豔的花，而是靜下心來，跟花溝通，跟花器溝通，跟前一盆插好的花溝通，達到和諧一致的意境。」晶子說。

這就是茶道引人入勝的地方，處處是禪意。

我尤其喜歡那些季節性的野花，長得很沒有規則，讓人難以預測，但很有個性。隨手抓起一、兩株野花，不用修剪，輕輕地放到花器裡，就完成了。心裡有一種平靜的快樂。

只要懂得用心，一盆花插得美不美，好像真的不那麼重要了。

CHAPTER 3

04

從禪修學攝影

在京都留學期間，我深深愛上了攝影。我喜歡把平時看到的、感受到的，用相機捕捉下來，分享到社群媒體。有一些常追蹤我的臉書且有留言的朋友，除了定期給與按讚與鼓勵以外，還會私底下詢問拍照的技巧。

愛上攝影，跟我修習內觀禪修有直接關係。歷經過去的學習，我深深體會到攝影與禪修中，存在一些「不二」法則。當中，最讓我受用的，是禪修裡關於專注的對象、妄念的覺察及專注的品質，與攝影基礎知識裡「曝光三要素」之對比關係，讓我很快掌握了攝影技巧，也拍到一些滿意的照片。

基本上，拍照是指按下快門，使景色被記錄於感光元件上的過程。而所謂「曝光」，則指當光線透過鏡頭上的光圈後，於快門開啟的時間內，投射到特定感光度的元件上的過程。但是，用這種術語來講解攝影，還真的不容易明白。光圈、快門及感光元件，它們之間如何互相影響？以下，讓我們談談如何從禪修學習攝影吧！

光圈與專注對象

「光圈」是相機鏡頭內一個控制光線孔徑大小的組件，用來控制光線進入相機的量。這設計和人的瞳孔很像，在黑暗的環境裡會放大，以獲取更大的進光量。有趣的是，光圈的大小，左右了一個十分重要的攝影效果，即「景深」的深淺。我們都知道，一張好看的照片，不應只有想要拍的一個主體而已，它還必須攝入周遭環境的景物，以傳達拍攝現場的氛圍。換言之，照片應該含有前景、對焦點以及背景這三個層次。

拍照時，當我們把相機焦距對焦好以後，在這個對焦點前後的範圍中，影像清晰度到達之深度，就被稱為「景深」。譬如，當我站在法鼓山祈願觀音殿前，水池將做為前景，我是對焦點，而殿內的觀音菩薩像就成為背景了。這時，如果把光圈調到最大，我會成為照片裡最清晰的部分，而水池和觀音像則會顯得模糊，這是「淺景深」；如果把光圈調到最小，不只是我，連前景和背景都會顯得同樣清晰，這就是「深景深」。

也許有人覺得，拍照時把所有景物都拍得清清楚楚，不是很好？其實不然，當照片裡的景物愈多，愈會造成視覺上的干擾，因而無法突出對焦的主題。好比禪修時，我們首先會專注在一個對象上，如出入息的感覺，這時，出入息就是我們的對焦點。而身體其他部位的感受，乃至周遭環境的聲音等，則可被我們當作干擾因素而放到前景或背景去，顯得模糊，不成為關注對象。如果能夠做到這一點，我們的內心很快會得到平靜。同樣地，排除視覺干擾、凸顯主題的照片，是構成一張好照片的最重要元素。

快門與妄念覺察

「快門」是一個門簾般的裝置，用來控制光線照射在感光元件上的時間。門簾從開啟到關閉的瞬間就是一次曝光時間，使

近拍鳥類時，調大光圈，製造「淺景深」效果，凸顯覓食中的雀鳥。（釋有晵攝）

拍風景時，調小光圈，製造「深景深」效果，使所有景物清楚、錯落有致。（釋有晵攝）

感光元件受光，然後顯影。曝光的時間愈長，照片就會變得愈明亮，反之亦然。由此可見，白天在戶外拍照時，我們通常會以「快速快門」來拍攝；在晚間，為了提高亮度會用「慢速快門」，相機握在手上的時間會增加，但為了避免手震的情況，許多人會用三腳架來穩定相機，進而提高照片的清晰度。

快門的裝置，就像我們在禪修遇到妄念紛飛時的對應方式。在學習內觀禪修時，禪師不斷教導我們，妄念起來就讓它來，妄念去了就讓它去；不要刻意阻止妄念的生起，也不要壓制它，我們要做的，就只是覺察、了知妄念的生滅來去，而不是去抵抗。然

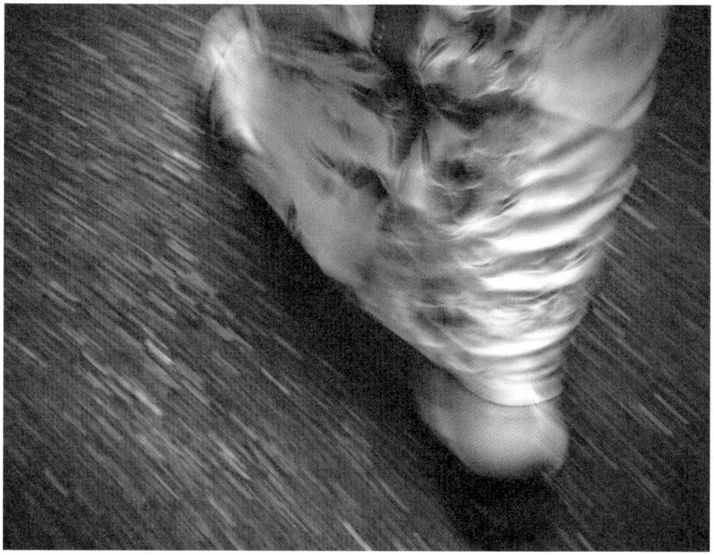

用「慢速快門」，拍出小巷裡行走中的藝伎的倉促感。（釋有晉攝）

拍空中下降的白鷺鷥，用「快速快門」，「定格」牠優雅的動作。（釋有瞖攝）

後，我們再把注意力拉回到專注的對象，周而復始。在這覺察的過程，我們覺察妄念生滅的短暫「分心」，就像快門開關的瞬間一樣，時間短的話，我們很快就能再次回到專注的對象；時間長的話，若非懂得正確方法，則容易進入掉舉或昏沉之狀態。

既然這樣，那我們拍照時用最快速的快門，不就萬無一失了？其實，「慢速快門」能幫我們拍出一些特別效果。印象中有一張照片，一位法師坐在溪邊石頭上打坐，淙淙溪水在「慢速快門」的拍攝下，波光綿綿，源遠流長，展現出寧靜祥和的氛圍。如果使用一般的「快門」速度，我們絕對無法營造出照片裡這樣的氛圍。

同樣，禪修時雖然要求內心的妄念愈少愈好，但一旦進入更高層次的內觀時，我們可以對所謂的「妄念」作觀：觀它們的生滅無常，及苦空無我。當然，修習這種禪觀需要有紮實的佛學基礎，也要有禪師引導，就像拍攝夜景而用到「慢速快門」時，我們得依靠三腳架的支撐，乃同樣道理。

感光與專注力

傳統底片相機使用膠卷做為記錄訊息的載體。所謂「感光度」，指的是不同種類的膠卷對光的敏感度。感光度愈高的底片，對光的敏感度愈強，相片愈明亮，反之亦然。到了數位時代，相機所使用的載體，變成可隨意調整感光度的感光元件。

如此看來，我們拍照時用最高的感光度不就好了？其實不然，當感光度被調到高點的時候，照片就會產生一種稱為「噪點」的現象。這是由於感光元件，在感光的過程裡，把光的訊號轉成電子影像時，所產生的電子雜訊。感光度愈高，所產生的雜訊愈多，照片的品質也因此降低。

感光度就像禪修時專注的定力一樣，定力不夠，則容易散亂；定力過高，則變成修「枯木禪」。禪宗裡有一則公案，老太太為了試探一位僧人，請女子在供養時抱住他，問他感覺如何。僧人說：「枯木倚寒崖，三冬無暖氣！」老太太聽了非常生氣，覺得僧人已經失去喜怒哀樂的能力，亦喪失了七情六欲，從此不再供養他。從這則公案可以看出，禪修者即使修定已到了一心不亂的境界，仍不可忘掉身心，更不能失去覺照的能力。

禪宗所強調的止觀雙運，就是為了在止與觀上取得一個平衡點，以前者來止息妄念，以後者來悟出空性的妙用無窮。同樣地，拍照時如果感光度過高，雖然能在夜晚拍出比較明亮的照片，卻犧牲了照片的品質；如果感光度偏低，則照片會黑漆一團，無法看清任何景物。由此可

太陽底下拍花草，調低感光度，拍出清晰度最高的畫面。（釋有晉攝）

見，專注時的定力，如同相機的感光度，必須適中。

禪修與攝影

京都是一個靜態的城市，也是一個禪意幽深的地方。在大街小巷裡散步，人們總會放慢腳步，體驗當下，欣賞最自然的美。因此，這幾年在京都生活，讓我對內觀禪修有了更深刻體驗，並透過攝影來託物言志。

攝影基礎知識裡的「曝光三要素」，可以禪修時的心境來理解。光圈的大小，有如專注的範圍；快門的速度，好比對妄念的覺察；感光元件，則可與專注力的品質相提並論。不論禪修或攝影，這些元素，相互之間有著不可分離、此消彼長的關係。其實，每個元素的多少與高低並不太重要，重要的，是它們之間的平衡。

拍夜景時，將感光度調高，讓照片變得明亮。（釋有晵攝）

人生快門 04

只是一顆石頭

柿子樹很神奇。冬天，樹葉都掉光了，唯獨那鮮豔奪目的柿子依然好好地掛在樹上。大自然裡，連一棵樹都有它的想法吧！在幾萬萬年的進化中，是什麼讓它們決定把最好的留到最後？

一個人靜靜坐在柿子樹下抬頭仰望著。

沒有車、沒有人、沒有風，也沒有鳥。似乎也沒有我了。

然後，飛來一隻鳥。

牠在高處，俯視著我。看我沒在動，像顆石頭。於是，牠放心大快朵頤起來。嘗到了甜，還不忘呼朋喚友。

很輕很輕地，按下相機的快門。

不想破壞，做為一顆石頭的寧靜。

CHAPTER 3

05

公車上的覺醒

在公車上讓座給老年人或需要的人，對我來說是天經地義的事。但是，剛到日本時，我曾為了在公車上該不該讓座一事而感到焦慮。

讓座的焦慮

那天，恰逢賞楓的旅遊旺季，公車上擠滿了人。途中，一位白髮蒼蒼的老年人上車，而坐在博愛座上的兩位年輕人，依然埋首在手機螢幕上，彷彿沒看見站在他們前面的老年人。這時，我內心生起一股熱血，立刻站起來，隔著幾個人的肩膀，很有禮貌地向老先生說：「這兒請坐。」還盡量把身體往旁邊挪，騰出一些空間，好讓他容易入座。

沒想到，老人家冷冷看了我一眼說：「不用，你坐就好。」

這話一出口，周圍的空氣突然僵住。我楞在那，不知該繼續站著好呢？還是坐回座位呢？而其他乘客也假裝沒看見，刻意把眼光投到窗外，避開我一

在公車上讓不讓座的選擇，有時涉及對社會文化的解讀。（達志影像提供）

臉尷尬的表情。

自從那次以後，在公車上想讓座前，都會讓我想起前車之鑑而變得焦慮起來。

無畏施的表現

在佛教裡，我們常說：「真正的菩薩行者，都會以布施來度眾生，而且布施之後，心裡沒有一絲罣礙，這就是實踐『三輪體空』的精神。」眾所周知，布施指的不僅是錢財，還包含佛法，以及無畏施（即各種能讓別人內心生起安樂的言行）。所謂「三輪體空」，指的是「沒有布施者、沒有受布施者，也沒有布施物」。這觀念就如《金剛經》所說：「應無所住而生其心。」即勸導我們不論做任何事都不應該執著與罣礙，唯有這樣，處理事情時才能更有智慧、更開放。

最近有一則新聞報導，指日本某位企業家，決定捐出他一半的財富，累積超過六十億美金，做為慈善用途。通常，當大企業家做慈善捐款，都會先設立一個基金會，再請來專業顧問團隊，審核來自世界各地的捐款申請。撥出款項以後，除了不斷監督受惠團體的運作，還得常常到實地考察，檢視該團體是否有正當運用款項，以做為將來決定是否持續撥款的參考指標。

而這位日本企業家的作法，卻一反常規。他不接受捐款申請，卻聘用匿名的顧問，幫助他搜尋值得幫助的團體，然後親寫書函，詢問對方是否願意接受捐款。在接受捐款期間，除了一份年度的活動報告以外，他從不干涉團體的運作，更不設立任何監督機制。

報章記者採訪了其中一家受惠的民間團體，團體負責人表示同志議題在日本鮮少受到關注，所以需要舉辦更多活動來推廣社會平權意識，但他們都是一群年輕人，在社會裡人脈與知名度皆不足，對於活動經費的申請，往往要通過種種無比嚴格的審核，想得到如比爾及梅琳達・蓋茲基金會（Bill & Melinda Gates Foundation）之類慈善團體的青睞，機會實在渺茫。因此，他們僅能憑著意志力，為了當初的理想苦苦支撐下去，沒想到，因緣巧合之下得到這位企業家的資助，讓他們可以聘用更多有志之士，擴大服務範圍，朝他們的夢想前進。

「他（企業家）從不把自己當成專家，而是完全信任我們。我想，我們最大的收穫，應該是獲得信任與尊重吧！這讓我們相信，我們的付出非常有意義。」負責人說。

信任與尊嚴

這位日本企業家的布施形式，是否符合「三輪體空」的精神？

佛教的布施除了財施，還有一種無畏施，無論言語或行為都給人尊重又溫暖的感覺。（吳瑞恩攝）

我們沒有他心通，無法得知。但可以肯定的是，他所給與的「無畏施」，卻讓大眾對他慷慨解囊之義舉，多了一份敬仰與感動。這是因為，他施予了別人信任與尊嚴。

哈佛大學政治哲學教授桑德爾（Michael J. Sandel），在新作《成功的反思》（*The Tyranny of Merit: What's Become of the Common Good?*）裡指出，目前大家所奉行的「精英主義」，其弊端是沒辦法以社會認可的成就而往上陞遷的大多數人，被看成是失敗者、懈怠者，因此感覺被社會遺棄，失去基本尊嚴。這潛伏的問題經過半個世紀的醞釀，終於造成目前世界各地民粹主義之氾濫，甚至導致美國政治亂象，以及反科學思潮之崛起。作者指出問題的根源是：成功的人變得太自傲，貶低了在社會底層苦苦掙扎卻一直無法成功的人，導致他們失去了基本的尊嚴。

由此可見，信任與尊嚴是人類基本之心理需求。而為了照顧人們的尊嚴，在日本這個極度重視團體和諧的文化裡，衍生出許多溫馨且感人的現象。譬如，京都大學附近有一家快餐店，在疫情最嚴峻期間，決定送出免費便當給經濟生活陷入困境的民眾。需要的人只要在簡訊裡輸入「餓了」，即會收到一組編號，可以到櫃檯領取免費便當，由於這種領取方式與一般透過網路結帳的領取方式無異，接受布施者就不必擔心會受到旁人異樣的眼光，得以保持尊嚴。不但如此，這種作法也充分展現出對受施者信任的態度。

接受的慈悲

佛教提倡的「三輪體空」精神，指的是我們在布施時應有的心態，是一種內在的修為。其實，在「三輪體空」之上，佛教更強調對別人施於慈悲，即在布施時，照顧到受施者的感受。

有一位佛友，雖然年紀不算老，身體也還健壯，可是天生一頭白髮，讓她看起來比實際年齡蒼老許多。她曾告訴我說，她最怕坐公車，原因是常會被年輕人讓座，引來不少旁人的眼光，讓她覺得非常尷尬，因此常常假裝沒看見。當時我還振振有詞地訓誡她說：「人家出於一片好心，你何必這樣？應該要對他人慈悲一點。」

萬萬沒想到，時空轉移，到了日本，我竟然有機會成了那位「出於一片好心」的人，而換來對方「不大慈悲」的回應。其實，若仔細分析，對方的拒絕，不正是由於我從一開始不懂得「閱讀空氣」（日語俚語，表示察言觀色的行為），沒有好好體諒對方的感受而造成的嗎？對別人的訓誡，竟然回過頭來應驗到了自己身上，不可否認，這的確是人生難得的寶貴教訓！

日本資深媒體人，也是作家的野島剛，在《看見不一樣的日本》裡也寫到，許多日本人跟他一樣，在公車上不隨意讓座給需要的人。更甚的是，即使看到年輕人霸占了博愛座而忽視真正需要的人，日本人一般也會視而不見，不會干涉。

根據作者的解釋，這不是日本社會冷漠無情，只是日本人不想被認為是「正義魔人」，也不想惹是生非，而更重要的是，他們太在意別人的眼光。換言之，在許多外國人看來冷漠的行為，追根究柢，是日本文化裡時刻為了照顧他人（當然也包括自身）感受而產生的外在表現。

盡在不言中

了解日本文化裡特殊社會現象背後的種種因緣後，我對公車上該不該讓座一事有了全新的看

日本公車一隅。（釋有晵攝）

法，更對佛教「三輪體空」及慈悲的意涵，產生了更深刻的覺察與體會。

後來，每當在公車上遇到相同情境時，即使公車還未抵達目的地，我都會若無其事地整理背包，然後輕輕起身離座，走到靠近出口處、司機座位的後方站著，等待下車。這過程，我絕不回頭多看一眼。大多時候，有需要的人會很自然地入座，而旁人也若無其事般，繼續沉浸在各自的世界裡。

原來，只要學會了閱讀空氣，則一切盡在不言中。

人生快門 05

共度時光的品質

「今年和我們一起去賞櫻如何?」老師知道我即將回國。

闊別了兩年的「自肅」，京都各

地賞櫻的人潮，比過往來得洶湧。

老師在一棵櫻花樹下，鋪上草蓆，她準備了各種三明治，每人兩份，還有保溫瓶中熱騰騰的手沖咖啡。我終於體會到，櫻花樹下喝咖啡是何等風味。

對我而言，這些體驗都是人生第一次。

看來老師一家特別重視賞櫻活動。兩個孩子特地從外地回來，只為了陪父母去賞櫻。

大家盡情地聊著，還玩小遊戲，感覺像我們過中秋節的氛圍。

聽說，人與人之間的聯繫，不關乎平時見面的頻度，而在於共度時光的品質。

果然如此。

CHAPTER 3

06

非最好的安排

投影片、麥克風、講義，一切準備就緒。

我整理了一下長衫，如往常般深呼吸幾次，時間一到，開始報告簡短的論文。

到首爾已過三天了，每天聽著來自世界各地佛學學者發表研究成果，而明天將輪到我報告。有趣的是，此時正在報告中的我，眼前只有一台螢幕和一支小麥克風，沒有任何聽眾。

一場疫情，把國際佛教研究協

國際佛教研究協會主席於論壇開幕儀式之演講主題為：「佛陀為何不剃頭？初期佛像之藝術」。（國際佛教研究協會提供）

會（International Association of Buddhist Studies，簡稱IABS）舉辦的論壇延後了兩年。韓國疫情仍然嚴峻，但由於政府決定放寬外國人入境限制，這場三年一度的佛學學術盛會才得以展開。

為了此次論壇，我早在幾個月前就開始準備。多次的論文修改不用說，各種入境韓國的附加手續，如申請特別入境簽證、登機前新冠病毒檢測，以及嚴厲的機場通關程序，處處讓人感覺如臨戰場。

而最令人錯愕的是，入境韓國後的新冠病毒檢測結果，竟顯示我確診了！因此，從入住民宿開始，我必須自行隔離七天，無法參加咫尺之外，在首爾大學舉辦的國際佛教研究協會論壇了。

論文指導教授船山徹老師知道後，笑著問我：「你特地買機票飛去首爾參加國際論壇，最後卻決定不與任何學者交流？」就連同學也忍不住揶揄我說：「這應該是全世界最貴的隔離了吧！你老遠飛到國外，只為了把自己關起來七天。」

情緒海嘯體驗「四它」

其實，確診這消息宛如晴天霹靂，讓我措手不及。登機前檢測的結果明明還呈陰性，沒想到不到四十八小時，竟發生了天翻地覆的變化。想到已準備好的現場口頭報告，期待已久的與教授學者們互動學習，以及論壇結束後為期三天的寺院參訪等，這些堪稱完美的計畫，就在我收到隔離通知的那一刻，完全被打亂。當時心裡的感受，像極了憂傷歷程裡的情緒反應：從否定、憤怒、討價還價，到接受事實。雖然這些心理過程只持續不到半小時，但當時各種情緒的起伏與激盪，此刻回想起來，仍歷歷在目。

慶幸的是，就在各種不安情緒如排山倒海般襲來之際，我想起了聖嚴法師的「四它」：面對它、接受它、處理它、放下它。這件事讓我再次體會到，情緒的波動原來如斯不可預測及充滿衝擊性。即便平時自以為處變不驚的我，在遇到真正的逆境時，難免還是會經歷一場「情緒海嘯」，而在那當下，佛法成了我唯一的依靠。

慢慢地，平息了一場情緒風波以後，我開始擬定補救計畫。首先，我通知舉辦國際論壇的單位，把自己的報告改成線上發表。接著，我把演講提前錄製，再上傳到網站。再來，我取消所有計畫好的行程，包括割捨滿心期盼的韓國曹溪宗寺院的參訪。

有趣的是，我竟然到最後才想到，隔離期間的膳食該如何打點？在日本，我很羨慕留日的外國人，在隔離期間會收到有關單位寄來的一大箱新鮮食材及乾糧，好貼心！相比之下，我在首爾的隔離，除了收到一封要求我隔離的電郵以外，竟然沒有得到任何形式的支援。當時，我只有入住民宿前在附近便利商店購買的一些冷凍食品、蔬菜、水果及速食麵等，心裡想，手上這些糧食，應該足夠讓我食用一週而不至於挨餓吧！

國際論壇線上發表

另一方面，此次論壇的線上發表，在技術層面可說是無懈可擊。他們於五天內安排了七十二場不同主題之論壇，平均每個論壇有五至六位學者參與發表，而當中只有部分學者於現場發表，大多的學者則於線上發表。線上論壇全程採用 Zoom 軟體進行會議，為了確保會議之順暢，主辦單位要求發表者先把口頭報告錄製成影片後上傳。到了發表當天，發表者則以視訊方式，跟線上或現場與會者交流。

我感覺最開心的事情，莫過於可以隨時進出各個論壇，而不用擔心干擾到發表者。出席大規模國際論壇的人都了解，為了聆聽不同主題的論文發表而不停穿梭於各個會議廳，是一件挺麻煩的事情。現在，所有論壇都可以透過線上參與，在螢幕另一端的我們，只需在滑鼠上一按，即能夠以等同於「神足通」的方式穿梭於各個會議廳，不會引人注意。不但如此，我們還可以同時「現身」於多個會議廳，猶如佛菩薩

作者於線上發表演講。（釋有暋提供）

為了度化眾生而變現無數化身一般，非常便利。

我參與發表的論壇稱為「佛教詮釋學和經典註釋技巧」（Buddhist Hermeneutics Scholasticism, and Commentarial Techniques），在眾多主題裡不算熱門。其實，我的研究內容更偏向於漢譯經典之形成與解讀，而非「詮釋學與註釋技巧」。船山教授指出，這種誤解源自於目前佛教學術界，普遍上還未意識到唐朝翻譯家義淨所翻譯的經論重要性之故。其實，義淨的翻譯忠實保留了許多七世紀從印度帶回的佛教經論的特色，加上後代中國學者對這些經論的解釋，大力推進了中印文化融合，因此，對於義淨翻譯的研究，是理解漢傳佛教不可缺的重要資料。在當今學界，許多學者卻忽略這些經論，而僅偏重於相對晚期的梵文典籍及藏文翻譯研究，教授對這現象深感惋惜。

無法參與的寺院參訪

對我而言，此次國際論壇最大的特色，是論壇結束後的寺院參訪。韓國三大名寺之一的海印寺（代表三寶中的法寶），是韓國曹溪宗的佛教總寺，寺名源自《華嚴經》中記載的「海印三昧」。海印寺於一三九八年起，一直保存著被韓國政府指定為國寶的木雕《高麗大藏經》，其木

通度寺之金剛戒壇，供奉著佛陀舍利、缽及袈裟。（國際佛教研究協會提供）

雕版總數為八萬一千二百五十八塊，是做為日本《大正藏》底本之藏經版本。經過安排，主辦單位獲得特別許可，讓參訪者進入海印寺藏經館參觀，實屬難得！

接著，參訪隊伍到位於梁山市靈鷲山南麓，於七世紀開始安奉佛陀舍利而聞名，代表三寶中之佛寶的通度寺。此外，主辦單位還安排參訪超過一千四百年歷史的曹溪宗佛國寺，觀看寺內被列為韓國國寶的文物，如多寶塔、釋迦塔、蓮花橋、七寶橋、青雲橋、白雲橋、金銅毘盧遮那佛坐像，以及金銅阿彌陀如來坐像等。最後，大家到佛國寺附近，跟佛國寺同樣於二〇〇九年被列為世界文化遺產，以及被認為是韓國佛教藝術的經典代表之石窟庵參訪。從這豐富的行程，可見主辦單位用心極致。

非最好安排

無奈，以上這些韓國國寶級的佛教聖地，我皆無緣前往參訪，心裡覺得無比遺憾。

每當遇到出乎意料或不如人意的事情，我常會聽到如斯安慰：「一切都是最好的安排。」其實，我不認同這種自我麻醉式的說辭，試想想，當人遇到不愉快的事情，本來完美的計畫被迫取消，有時還給別人增添不少麻煩，對當事人而言，這些都是不如意的事情，怎麼還可以說是

「最好的安排」呢！

其實，聖嚴法師所說的「四它」，尤其當中的「面對它」與「接受它」，就是在教導我們，不論遇到什麼事情，都要看清楚實相，即便這事實讓人難以接受。因此，我們僅需以平常心面對所有困境，並對苦、樂的感受生起清楚的覺知，而非逃避。若從世間法來看，苦就是苦，樂就是樂；苦的感受既不需特意美化，樂的感受也不必刻意壓抑。換言之，心裡所生起的各種苦、樂、捨之感受，我們都應該誠實以對、坦然接受，既不逃避，也不自欺欺人地非要以一些純屬好聽的說辭，給逆境塗上一層糖漿不可。

這次韓國行，我錯失了許多寶貴的學習機會。這絕對不是「最好的安排」，我亦無需效仿魯迅筆下的阿Q，刻意美化及合理化各種不如意的經驗。反之，聖嚴法師的一句法語，讓我對於如何運用「四它」來面對生活中的各種逆境，有了更深刻的體會。原來，只要我們對每一個外境清清楚楚，對每一份覺知了了分明，並對自身業報的效用坦然接受，當能隨時將身心安立於生活的「法」中。這種態度，無疑更符合佛教的修行標準。

奇異的旅程

這是一個奇異的旅程。

為了論文發表而來，結果也真的只發表了論文，而且還是在線上發表。

船山教授笑我說：「你特地飛到首爾大學參加學術論文研討會，就是為了不和任何學者互動嗎？」

是的，因為有七天是在隔離中。

一到首爾，即測出PCR陽性。只能說，百密一疏。

出門前，《人生》雜誌編輯還邀稿，寫一篇IABS論文發表紀實。

不知道以一篇「首爾隔離紀實」能不能交差呢？

至少，隔離結束，回馬來西亞以前，我還有一天，可以看一眼首爾。這會是我最用心的一天。

人生快門

06

CHAPTER 3

07

我的信仰與研究

研究與修行，是否有衝突？

過去幾年，我曾在不同場合分享在京都大學攻讀佛學博士課程的歷程。每次分享結束，我都會被問到上面的問題。當中印象最深刻的，是一名即將從佛學院大學部畢業的法師，他正在考慮是否繼續深入佛學研究，還是轉為專心禪修。他問到：「佛學研究的最終目的是什麼？會比修行更有意義嗎？」

此外，一名禪修多年的佛友也

表示：「在讀了一些現代佛教學者的論文以後，心裡產生矛盾。譬如，學者經過文獻考證，發現有些極為重要的漢譯經典屬於『偽經』。當知道這些事情以後，信仰上受到很大打擊。」從以上的想法可以看出，許多佛教徒對佛學研究持有誤解。

其實，我在剛出家時亦思考過類似問題。可能是受到一些師長

作者獲取京都大學佛學碩士學位證書。（釋有晉提供）

的影響，以及聽聞某人由於專研佛學而導致對信仰失去信心，最後甚至毀謗佛教之傳聞，讓我心裡產生對佛學研究的疑慮。

「可是，法師您不是選擇了做研究嗎？」有人問。現在回想，當時鼓舞著我前進的動力，應該就是好學的心態吧！而通常導致一個人變得好學的原因，其實不外乎好奇心。

好奇心

船山徹老師是我在京都大學的論文指導教授，即我的佛學研究導師。幾年前，老師開始研究《梵網經》，並出版了《梵網經》最古老之版本及其發展史書籍。在一次討論會結束後，老師突然問我：「在漢傳佛教裡，受菩薩戒者必須戒除『五辛』。你所認識的『五辛』指的是什麼？」老師竟然問起對漢傳法師而言最熟悉的議題，我當下不假思索回答：「蔥、蒜、韭、薤、興渠。」老師想了一下說：「確定是那樣嗎？」接著，他提出經典裡的記載，向我解釋漢傳佛教對於「五辛」之種類有不同說法。而我之前所認為理所當然的真理與事實，竟然只是佛教裡眾多說法之一種而已。

接著，老師又問：「為何漢傳佛教禁止比丘們食『五辛』？」關於這理由，我曾經從師長那裡聽過，在受三壇大戒時也得到引禮法師們的勸誡：「熟食會引發淫慾，生食會增強瞋心，而且，護法龍天都會遠離你。」沒想到，老師聽後說：「其實，根據《大般涅槃經》之記載，戒除『五辛』的理由，純粹只是預防對於修行菩薩道的人，在對別人宣講佛法時，因口臭的問題而讓人敬而遠之之故。至於『食五辛障礙修行』之說法，最早則見於宋代元照《四分律行事鈔資持記》，而這份文獻，比起《大般涅槃經》是相對晚期的記錄了。」

我聽了心裡感到無比慚愧。其實，教授不是故意為難我，而是在做研究時對經典內容產生了疑問，在好奇心之驅使下，不斷去尋找答案，然後迫不及待要跟我分享。可想而知，跟教授進行的討論，總會讓我不斷學習到正確知見。此外，我亦經常從教授那裡得到啟發，讓我察覺以往對經典的認知其實存有許多盲點，甚至對認知不足之說法缺乏深入探討的精神。老實說，身為法師，在習慣了對大眾弘法以後，很容易會墜入「好為人師」的迷思中而不自知。經過教授的及時提點，讓我可以重新檢討自己在佛學上的正知正見。

求知心

在佛學研究領域裡，好奇心只是起點，而認真尋求真理的意志，才是研究時必備之精神。在新作《佛教漢語語義解釋》裡，教授探討了一些我們習以為常卻不曾認真分辨的佛教漢語詞彙，例如「眾生」與「有情」。我相信，讀過漢譯經典的我們，對這兩個詞絕對不陌生，甚至會斬釘截鐵地說：「它們的意思差不多」或「兩者都一樣」。若要探究其梵語出處，兩個詞皆是「sattva / satva」的翻譯，而英語通常被翻譯成「sentient being」，一般上指「有感受的生命」。但是，為何出自同一梵語，翻譯家們卻需要用兩個不同的漢語詞彙來翻譯呢？

老師的研究指出，「眾生」一詞是從公元二世紀左右的支婁迦讖開始使用的漢語翻譯。到了公元七世紀，玄奘將之改成「有情」。根據玄奘的弟子窺基的解釋，這是因為從字面意義而言，「有情」代表「有感情的生命」，意指六道裡的生命體，比較符合梵語的語義；「眾生」則代表所有的生命，包括植物，因此不是梵語「sattva / satva」的正確翻譯。即便如此，玄奘以後的翻譯家們並沒有完全採用「有情」的翻譯，反而繼續使用「眾生」。因此，我們在經典裡看到兩者並存的現象就不足為奇了。

了解到這種翻譯上用詞的轉變以及祖師們的用心以後，我對漢譯經典的發展有了更深入的觀點，並開始改變以往讀經時對不大理解的內容所採取的「差不多」心態。有一位師長曾在課堂上說：「凡事秉持『遵從古人就對了』這種僵化觀念，其實就是一種懶惰。」對此我深感認同。如同達賴喇嘛在一次弘法會裡也說：「佛陀曾經說過，並不是對他說過的話，弟子們就一定要信。就像我給你一塊金子，你要鑒別它的真假，要敲一敲、琢一琢、烤一烤，這樣才能確認它是否是一塊真金。」可見，探尋真理，不人云亦云，是研究上不可或缺之精神。

責任心

有一次，船山老師聽說某學者只需要三個月就可以把一本三百多頁厚的日文佛學論文翻譯成中文，表示十分驚訝。「換做是我的話，最少也得花一年以上吧！」老師說。

這就是為何船山老師出版的每一本書，都會被學者們極度重視的原因。由此可見，老師所奉行的教學理念，非常看重研究的嚴謹態度。他常說，研究者必須對自己的身、語、意行為負責，也要對大眾的信賴負責。因此，每次幫我修改論文內容時，他連註腳裡一個小錯誤都不會放過，而許多時候，我只交給老師五頁內容，卻換回來十頁的批註。不但如此，我們還經常為了一個佛學詞彙該如何正確翻譯而討論一個下午。在那過程裡，老師會不斷尋找文獻來做為佐證，而一旦發現自己當初的想法有誤時，反而會顯得高興，在在展現出一名學者該有的求真、謙虛與負責任的態度。

「做為你的論文指導教授，我會對你的學習負責。因此，不論遇到什麼問題，都可以來找我。」這是老師多年前對我說過的一句話。對我而言，這是一句非常有分量的話。原因無他，老師是有信譽且值得信賴的教授。

信仰心

「佛學研究的最終目的是什麼？」經過這幾年在日本學習，我漸漸領悟到，通過佛學研究，可以培養對真理充滿好奇心與求知心，懂得以謙虛及謹慎的態度進行知識的探討，且能為自己之身、語、意行為負責之學者。而這些特質，不正是做為佛教修行者所需具備之條件嗎？

繼程法師在《心的鍛鍊——禪修的觀念與方法》裡說：「……心又轉入更細、更穩的層次了。這時候可以把方法調整一下，改做一些觀想。觀想與理論有直接的關係，……到了要做觀想的階段，對理論的掌握就成了一個相當決定性的因素。所以我們不要以為用功修行就可以了，很多時候，當要確定自己修行的方向與目標時，理論的重要性就顯現了。」可見，修行亦是建立在佛

福成寺是作者禪修放鬆之處。(釋有晵攝)

學研究之基礎上，當禪定的修習到了某個程度，「在這個更深、更細、更穩的定心中，依理論來熏習它，從外在的熏習逐漸到內在深細的淨化，乃至到達最極深細的一層去淨化它。」

對我而言，佛教的信仰絕對不是來自於對經典內容「無條件的接受」，更不能仰賴於「尊崇古人就對了」這種「懶惰」之想法。相反地，我願意正視自己的無知，也為了能夠修正過往僵化的偏見而感到高興。我相信，以上所說的信仰方式，真正符合佛陀的教義及精神。

人生快門 07

誰能置身事外

「啊！法師對財經也有興趣嗎？」法國來的交換生見我在讀新聞雜誌，很好奇地問。

我苦笑了一下。

在短短一年間，我國的貨幣貶值了超過四分之一。這意味著，我的留學儲備金，也隨著蒸發了四分之一。

國家經濟出現危機，老百姓通常都是首當其衝的吧！

也許還有人認為，出家人應該不食人間煙火、遠離世間事。

可是，一切法因緣而生，誰又能事事置身事外呢？

我非但不能，還希望能夠多看！多聽！多思考！

CHAPTER 3

08

我的弘法路

天空下著雨，家門前種的蔬菜及果樹，很努力地展開翠綠的葉子，吸取來自天上的甘露。

母親如往常一樣，雙手扶著助行架，在外籍幫傭的協助下，在門前的小菜園裡一步一步慢慢地走著。看見圓潤的小番茄開始泛紅，爬藤上的絲瓜已長成瓶子般大小，母親很滿足地微笑著。

安母親的心

從日本留學回來後，在俗家這

半年間，陪著母親經歷了許多事情。母親有一次跌倒，摔傷腳踝和膝蓋，後來又感染了新冠肺炎，雖沒有出現嚴重症狀，卻也得入院治療好幾天。出院以後，她雙腿變得無力，得使用助行器行走。向來喜歡跟朋友出外溜搭的母親，生活陡然發生一百八十度轉變，讓她難以適應。

為了緩解母親的憂慮，我們姊弟商討了一些對策。首先，我們把客廳改成了給母親專用如飯店般的套房，備有雙人床、衣櫃、化妝台、沙發、藤椅、空調、零食飲料、各種電子產品插座，當然也少不了大螢幕電視。到了晚上，只要拉上隔間窗簾，這空間則變成獨立睡房。母親睡的大床，是我們姊弟最愛坐著看電視、滑手機和聊天的地方。有時，我們一起擠在床上聊天聊到很晚時，母親不得不叫幫傭息燈，拉上窗簾，我們才心不甘情不願地各自回房休息。

為了讓母親生活不無聊，我們還想出一些方法好讓母親打發時間。譬如，我們買了拼圖回來，但母親眼力不好，最後還是靠我們姊弟努力才把拼圖完成。我們也買了益智遊戲書本，但母親沒有耐性，一下子就放棄了。還有一台可以坐著運動的機器，也得不到母親的青睞。我還送給母親念珠，教她念佛，而為了不讓我失望，母親在開始時努力念了幾天，但最終還是放棄了。

作者在出發前往香港前，跟認識多年的佛友們聚會。（釋有晵提供）

我們試圖改變母親的生活，希望她嘗試新鮮事物，並接受生活上的轉變。到後來，我們發現，其實母親想要的很簡單。她只希望在自己熟悉的環境裡得到陪伴、關心與諒解，而不需要我們刻意給她帶來生活上的轉變。

性格與初心

在回國（大馬）的這一段期間，臺灣的師長也不斷關心我從日本回來以後的計畫，為了提拔我進入佛教學術界教學，也有師長將我推薦給佛學研究單位。日本的學長也很熱心，向我介紹不同學術單位，好讓我可以繼續在日本大學做研究。更有趣的是，日本臨濟宗的柴田法師，還曾邀請我留下來接管沒有法師住持的寺院。以上這些善知識的關心，都讓我感恩不盡。

其實，關於畢業後前進的方向，我曾經歷一番掙扎。經過這幾年的研究生活，我發現，比起一個人埋頭苦幹做學術研究，我更喜歡寺院裡的群體生活，並在弘法、講課中與大眾互動。加上身為法師，我傾向於聆聽別人，幫人解決生活、修行上的各種問題。與此同時，在我師兄有晢法師的牽引之下，香港慈山寺的負責人跟我聯繫，有意請我去當文教法師，負責教學與推廣佛教文化工作。對我而言，這種弘法模式無疑更適合我的個性，亦是可遇不可求的學習機會，便欣然接受了邀請。

前往慈山寺當文教法師的決定，意味著我將暫時離開佛教學術研究的領域。我清楚知道，這多少會讓在學術界栽培我多年的師長們感到失望。其實，與其迎合大家對我的期許，我更願意秉承法鼓文理學院前校長惠敏法師給我的一句勉勵：「不忘初心。」而我的初心是：「致力於佛學教育，以最正確的知見弘揚佛法，讓大家得到最可靠的精神支柱。」

朋友問：「到佛學院當講師豈

不符合你的初心？」此話是沒錯，但若以自己的個性及喜好來做為考量的話，到慈山寺當文教法師，籌備各種類型的佛學課程及活動，更能讓我生起熱情。由此可見，出家而立下廣大的初心固然很重要，但在決定將之付諸於行動時，還必須考量到個人的能力與性格特質。

寫作即弘法

在日本京都大學留學期間，有幸得到《人生》雜誌與《佛友資訊》的邀稿，讓我連續三年寫了多篇日本留學之所見所聞。我向來喜歡書寫，因為透過文字，可以很輕易地把所觀察的及所學習的做整合，因此，寫作對我而言，是更得心應手的弘法工具。

現在，到慈山寺領職之事已塵埃落定。我曾擔心，耕耘了幾年的日本生活觀察的文章，是否也到此告一段落？沒想到，當我就此事詢問兩位主編時，他們異口同聲說，早就為我設想好以香港弘法生活為主題的專欄，並期待我的投稿。得到文壇前輩之認同，讓我對香江之行多了一分心靈上的篤定。

其實，有幾位老朋友曾對我的決定感到些許擔憂。他們認為，雖然喜歡團體生活，但我畢竟比較習慣安定、有規律的生活，而相對活潑的對外社交活動，對我而言是比較吃力的。他們顯然比我更清楚，我每天都需要有足夠的獨處時間。

但是，我始終相信，初心是一個需經過不斷細化與調整的過程。在我們心靈成長的過程裡，初心會被我們的經歷不斷雕琢，且輪廓會變得愈來愈清晰，稜角也會磨得更圓滑。在日本留學這幾年，我學會了接受想法的改變，以更柔軟、開放的心態接納新時代的弘化方式，亦讓自己隨環境調整與別人的互動方式。但

家人為母親打造的屋前的小菜圃。（釋有暋攝）

在家人護持下，更鞏固作者出家的初心與弘法的決心。（釋有暋提供）

是，無論如何改變，做為法師的原則是萬變不離其宗的。

母親的祝福

雨依然淅淅瀝瀝地下著。今天正好是冬至的前一天。朋友問我：「為何不在冬至，或農曆新年過後再出發？能陪老人家過年過節不是更好？」

我笑笑說：「陪伴父母應該是在日常的每一天，而不只有在過年過節。」

這一趟回家，我的目的是陪伴母親。不論是到星馬巡迴弘法或外出跟朋友聚會，我都盡量減少邀約，或改成線上活動。在家裡，我們姊弟幾人幫母親打造了最適合她居住的環境，亦弄了一個小菜園。沒想到，這小小的菜園，竟然成為母親的小小樂園，讓我們度過多少個溫馨的早晨。

此刻，出發前往香港的因緣已經成熟，這意味著，弘法將成為我接下來最主要的任務。母親也明白這一點，因此，在我離開前並沒有表現出太大的不捨，而只是給我循循善誘：「要好好努力，發展前途，如果工作太辛苦，不能適應那裡的生活，就回家裡來。」

以上這番話，母親在二十年前我剛踏入社會工作時，曾對我說過。如今，我的身分已經不同，服務的對象亦不同，但母親對我的關愛及期許，依然不變。這些種種的善因緣，都鞏固了我的出家初心。

人生快門 08

終身學習

學弟早上一進研究室，就把一塊板架在自己的座位前，很慎重地貼上一張字條：「我於此宣誓，二〇二一年將全心投入終身的學習中。」

「你在幹嘛？」我看了覺得好笑。

「沒什麼。我明年一定要把英語學好，也要把論文寫好。」他靦腆地笑著。原來，幾個月前他開始要我教他英語的時候，發了這樣的願。

「然後呢？」很想聽聽他的志向。

「改變日本佛教的形象。」他想了想，很認真地說。

我猛然收起了笑容，問他什麼意思。

「日本佛教給人的印象是喪葬佛教，一般寺院也沒有在弘揚佛法。我想，也許可以做一些什麼。但我真的不知道該怎麼做。」

未來將成為寺院住持的學弟，一臉認真。曾有報導說，現代的年輕人沒有積極進取心，對未來沒有期望，只喜歡上網及滑手機。

這是比較年長的一輩用自己「物質為上」的角度來詮釋的結果吧！

其實，許多年輕人只是降低了對物質的欲望，不想買車、買房子而負一輩子的債，有的人喜歡當義工，他們能更有彈性應對這多變的時代。換個角度去思考，也許會產生全然不同的認知。

「你這樣很好，先充實自己，再從自身做起，就是改變的開始了。」不知為何，我講完以後，自己也有點熱血的感覺。

琉璃文學 47

京都有禪——一位留學僧的京都學記

Zen in Kyoto: A Foreign Monk's Journal When Studying in Kyoto

著者	釋有暋
攝影	釋有暋、吳瑞恩、國際佛教研究協會、Shutterstock／達志影像
出版	法鼓文化
總監	釋果賢
總編輯	陳重光
編輯	李金瑛
美術設計	化外設計
地址	臺北市北投區公館路186號5樓
電話	(02)2893-4646
傳真	(02)2896-0731
網址	http://www.ddc.com.tw
E-mail	market@ddc.com.tw
讀者服務專線	(02)2896-1600
初版一刷	2024年4月
建議售價	新臺幣480元
郵撥帳號	50013371
戶名	財團法人法鼓山文教基金會一法鼓文化
北美經銷處	紐約東初禪寺 Chan Meditation Center (New York, USA) Tel: (718)592-6593 E-mail:chancenter@gmail.com

國家圖書館出版品預行編目資料

京都有禪：一位留學僧的京都學記 / 釋有暋著.
-- 初版. -- 臺北市：法鼓文化, 2024.04
面； 公分
ISBN 978-626-7345-24-5(平裝)

224.519 113001810